국회의원 후보자가 알아야 할 공직선거법

이기헌, 이원구, 이병군, 배수진 저

pnc
publishing and culture
피앤씨미디어

머리말

4년마다 국회의원 선거가 치러진다. 4년을 주기로 국민은 대의기관인 국회를 구성하는 선거에 투표권을 행사하고, 국회의원 선거 출마자인 기존 정치인과 새로운 정치지망생들은 선거의 승리를 위해 자신의 모든 것을 다 바쳐 분투하게 된다. 이런 쟁투의 결과로 4년마다 300명의 국회의원 당선인이 배출되고, 당선인은 국민을 위한 의정활동을 할 수 있는 자격을 갖추게 된다. 그렇지만 모든 당선인이 4년의 국회의원 임기를 채울 수 있는 것은 아니다. 거기에는 공직선거법이라는 극복해야 할 숙제가 남아 있다. 현행 공직선거법은 다양한 부정선거운동죄에 대한 규정을 두고 있다. 후보자가 당선되더라도 공직선거법 위반으로 기소되어 당선무효형이 선고되면 선거에서 보전받은 선거비용을 모두 반환해야함은 물론 일정 기간 공무담임권과 피선거권이 박탈되는 불이익을 감수하여야 한다. 그렇기 때문에 국회의원에 도전하는 출마자들은 국민의 선택을 받기 위한 노력과 함께 공직선거법에 대한 충분한 이해를 갖추어야 한다.

그러나 시중에 유통되고 있는 공직선거법 관련 서적들은 공직선거법 규정들을 망라적으로 해석하는 학술서에 머물고 있거나, 중요 판례를 그대로 게재하는 사례집 수준에 그치고 있어 실제로 국회의원 선거를 준비하려는 출마자에게 도움이 될 수 있는 지침서로는 부족한 형편이다.

이 책을 출판하게 된 계기는 이러한 문제의식에서부터 시작되었다. 그간의 국회의원 선거 관련 판례와 사례를 찾아보고 분석한 결과 실제 국회의원 선거에서 당선인에 대한 재판사례를 모아서 이를 유형화할 필요가 있다는 사실을 곧바로 알게 되었다. 선례보다 중요한 스승은 없다. 지난 국회의원 선거에서 어떠한 사안에 대해서 당선인에 대한 재판이 있었고, 그 재판결과가 어떠한 이유로 당선무효형, 당선유효형과 무죄로 나뉘게 되었는지를 확인하는 것은 규문화된 조문을 해석하는 것보다 더욱 효과가 있고 필요하다는 사실을 이내 실감하였다.

이 책은 제18대부터 제21대 국회의원선거 당선인에 대한 대부분의 재판결과를 수록하였다. 오래된 과거 사례는 현실의 공직선거법 재판 경향과 큰 차이가 있고, 최근 공직선거법 개정 및 판례변경 사안을 반영할 수 없다는 한계가 있기 때문에 비교적 최신 사례인 제18대 국회의원선거부터 지난 제21대 국회의원선거까지의 재판사례를 각 공직선거법 위반죄별로 당선무효형, 당선유효형, 무죄로 나누어 수록하였다. 특히 당선무효형 판결례는 유죄판단 이유는 물론 사건의 쟁점과 함께 시사점을 상세히 수록하기 위해 노력하였다. 아울러 유·무죄의 판단이유와 함께 양형이유도 되도록 자세히 다루어 법원이 어떤 기준으로 당선유·무효형을 구분하는지 엿볼 수 있도록 하였다. 또한, 주요 공직선거법 위반죄에 대해서는 해당 장 말미에 종합분석을 해 두었다. 유사하거나 동일한 유형의 사례가 어떤 차이점에 의해서 유·무죄와 형량에 차이가 있게 되었는지를 설명하는데 중점을 두었다. 사례를 입체적으로 보는 데 도움이 되었으면 한다.

제18대부터 제21대 국회의원선거 당선인에 대한 재판결과만으로 해당 공직선거법 위반죄의 모든 사안을 다룰 수 없음은 분명하다. 그래서 각 장에 다른 선거에서의 중요 판례사례 및 중앙선거관리위원회에서 배포한 허용·금지 사례를 추가하였다. 중요 판례사례는 해당 공직선거법의 법리설시에 충실한 선례를 선별하고자 하였고, 중앙선거관리위원회 허용·금지 사례를 통해서는 세세한 사안에 대한 이해를 보충하고자 하였다.

이 책이 실제 선거과정에서 발생할 수 있는 공직선거법 사안을 전부 해결할 수 없음은 두달할 필요가 없다. 언제나 현실은 이론보다 복잡다기하기 때문이다. 그렇지만 이 책이 국회의원선거에 도전하는 출마자 및 후보캠프에 조금이나마 실질적인 도움이 되었으면 하는 바람은 가져본다.

마지막으로 이 책의 오탈자 교정에 도움을 준 법무법인 율플러스의 전화경 과장에게 고마움을 전한다. 그리고 어려운 출판환경에서도 흔쾌히 출판을 허락한 피앤씨미디어 박노일 대표께도 감사의 마음을 표하고자 한다.

2023. 8.

법무법인 율플러스 출판부

차 례

Chapter 01

개 관

국회의원선거는 국민이 대의기관인 국회를 구성하는 국회의원을 투표라는 방식으로 선출하는 일련의 과정을 의미한다. 대의제 민주주의의 근간이 되는 국회의원 선거에 국민의 진정한 정치적 의사가 제대로 반영되기 위해서는 선거의 자유가 광범위하게 보장되어야 함은 물론, 선거참여자의 기회의 공평과 함께 선거의 공정성도 확보되어야 한다.

우리 공직선거법은 각종의 선거자유방해죄 규정을 통해 선거의 자유를 보장하고, 유권자인 국민에게 선거에 관한 정확한 정보를 제공하기 위해 다양한 허위사실공표에 대한 제재 규정을 두고 있다. 또한 매수 및 이해유도죄와 기부행위 금지·제한죄 관련 규정을 두어 금권선거와 혼탁선거를 방지하고 있으며, 부정선거운동죄 및 각종제한규정 위반죄에 세밀한 규정 등을 통해 선거의 공정성을 확보하고 있다.

그러나 이러한 공직선거법의 세밀한 금지·제한 규정 및 벌칙규정은 국회의원선거에 도전하는 후보자 등에게 상당한 부담으로 다가오는 것이 현실이다. 특히 당선인의 경우 공직선거법 위반으로 벌금 100만원 이상의 형이 확정되거나 선거사무장·회계책임자 등이 특정 선거범죄로 300만원 이상의 벌금형이 확정되는 경우에는 당선이 무효가 되므로 더욱 그렇다. 그러므로 국회의원에 도전하는 후보자는 공직선거법의 제반 금지·제한 및 벌칙규정에 대한 이해가 필요하겠으나 그 중에도 당선인이 공직선거법 위반으로 재판에 회부된 그간의 사례 및 그 결과에 대해 충분히 숙지할 필요가 있다.

아래에서는 현행 공직선거법상의 당선무효형 및 공무담임권 등의 제한규정을 살펴보고, 제18대~제21대 국회의원선거 결과 및 당선인에 대한 재판결과를 개관한다.

I. 당선무효형 및 공무담임권 제한

1. 당선무효형과 비용반환

(1) 공직선거법은 특정 선거범죄와 관련되어 있는 후보자의 당선을 무효로 하고 있다. 당선무효형은 당선인의 선거범죄로 인한 당선무효(법 제264조)는 물론, 당선인의 직접적인 행위가 아니더라도 선거사무장 등의 특정 선거범죄로 인한 당선무효(법 제265조) 및 선거비용의 초과지출로 인한 당선무효(법 제263조)로 구분된다. 당선인을 제외한 선거사무장 및 회계책임자의 공직선거범죄에 관한 당선무효형은 금권선거와 관련된 선거범죄에 한하는 특징이 있다.

❶ 당선인의 선거범죄로 인한 당선무효(법 제264조)

- 주체 : 당선인
- 대상범죄 : 당해 선거의 공직선거법에 규정된 범죄 및 정치자금법 제49조의 죄
- 형량 : 징역 또는 100만원 이상의 벌금

❷ 선거사무장 등의 선거범죄로 인한 당선무효(법 제265조)

- 주체 : 선거사무장·선거사무소의 회계책임자(선거사무소의 회계책임자로 선임·신고되지 아니한 자로서 후보자와 통모하여 당해 후보자의 선거비용으로 지출한 금액이 선거비용제한액의 3분의 1 이상에 해당되는 자를 포함) 또는 후보자(후보자가 되려는 사람을 포함)의 직계존비속 및 배우자
- 대상범죄 : 매수 및 이해유도죄(법 제230조~제234조), 기부행위(제257조 제1항 중 기부행위를 한 죄) 또는 정치자금 부정수수죄(정치자금법 제45조 제1항)
- 형량 : 징역형 또는 300만원 이상의 벌금

☞ 당선인이 한 행위가 아님에도 금권·혼탁선거와 관련된 선거사무장·회계책임자 및 직계존비속의 범죄에 대해 당선인의 당선을 무효로 하는 규정

❸ 선거비용의 초과지출로 인한 당선무효(법 제263조)

- 주체 : 1. 선거사무장·선거사무소의 회계책임자 또는 예비후보자의 회계책임자
  2. 선거사무소의 회계책임자 또는 예비후보자의 회계책임자
- 대상범죄 : 1. 선거비용 초과지출죄(법 제263조 제1항)
  2. 회계보고서 허위제출 등의 죄(정치자금법 제49조 제1항), 영수증 등 증빙서류의 허위기재·위조·변조죄(정치자금법 제263조 제2항 제6호)
- 형량 : 징역형 또는 300만원 이상의 벌금

☞ 당선인이 한 행위가 아님에도 금권·혼탁선거와 관련된 선거사무장·회계책임자 및 직계존비속의 범죄에 대해 당선인의 당선을 무효로 하는 규정

(2) 당선무효형이 확정되면 당선인은 물론 당선되지 아니한 후보자도 당해 선거에서 반환받거나 보전받은 선거비용 전액을 반환하여야 한다. 다만, 대통령선거와 비례대표 국회의원선거 및 비례대표 지방의회의원선거의 경우에는 당선인 또는 후보자가 아닌 추천 정당이 반환하여야 한다.

- 주체 : 1. 당선이 무효된 당선인(기소 후 확정판결 전에 사직한 사람 포함)
  2. 당선되지 아니한 후보자
- 요건 : 당선무효형 확정
- 반환범위 : 반환받거나 보전받은 금액 전액

2. 공무담임권의 제한

공직선거법은 당선무효형과 별개로 특정 공직선거범죄를 범한 자에게 일정 기간 공무담임권을 제한하고 있고 피선거권도 마찬가지이다.

❶ 공무담임권 제한(법 제266조 제1항)

- 대상범죄 : 대부분의 공직선거범죄*, 선거비용관련 위반죄(정치자금법 제49조)
- 대상자 및 제한기간 :
  - ► 징역형의 선고를 받은 자 : 집행유예 확정 후 또는 그 형집행 종료 후 10년
  - ► 100만원 이상의 벌금형을 선고받은 자 : 그 형의 확정 후 5년

• 제한되는 공직 : ① 국가 및 지방공무원, 선거관리위원회 위원, 교육위원회 교육위원, 공공기관 상근 임원, 농업협동조합 등 조합장, 대학 총장 · 학장 · 교수 · 부교수 · 조교수 · 전임강사 ② 향토예비군 소대장급 이상의 간부, 통 · 리 · 반의 장, 주민자치위원회 위원, 바르게살기협의회, 새마을운동협의회, 한국자유총연맹의 상근 임 · 직원 등 ③ 공직자윤리법 제3조(등록의무자) 제1항 소정의 기관·단체의 임 · 직원 ④ 사립학교 교원 ⑤ 방송통신심의위원회 위원 등

※ 제외되는 선거범죄 : 매수 및 이해유도죄 중 법 제235조, 법 제236조의 죄, 각종제한규정위반죄 중 법 제256조 제4항의 죄 및 당내경선 관련 죄

❷ 피선거권 제한(법 제19조, 제266조 제2항)

• 주체 : 1. 선거범죄, 정치자금부정수수죄 및 선거비용관련 위반죄(정치자금법 제49조)를 범한 자(법 제18조)
2. 당선무효형의 죄를 범한 자(법 제266조 제2항)

• 기간 : 1. 징역형의 선고를 받은 자 : 집행유예 확정 후 또는 그 형집행 종료, 면제 후 10년
100만원 이상이 벌금형을 선고받은 자 : 그 형의 확정 후 5년
2. 당선무효 사유로 실시된 당해 재선거

Ⅱ. 제18대 ~ 제21대 국회의원선거 및 재판 결과*

1. 제18대 국회의원선거

(1) 선거 결과

2008. 4. 9. 치러진 제18대 국회의원선거는 투표율이 46.1%로 저조한 가운데 범여권이라고 할 수 있는 한나라당이 과반을 약간 넘는 153석, 자유선진당이 18석, 친박연대가 14석 도합 187석을 차지한 반면, 범야권인 통합민주당·민주노동당·창조한국당은 각 81석, 5석, 3석을 얻었고 무소속이 25석을 차지하였다.

* 이 책에 수록된 집계치(표 포함)의 일부는 공식 통계치가 아닙니다.

정 당	지역구	비례대표	합계	비율
한나라당	131석	22석	153석	51.2%
통합민주당	66석	15석	81석	27.1%
자유선진당	14석	4석	18석	6.0%
친박연대	6석	8석	14석	4.7%
민주노동당	2석	3석	5석	1.7%
창조한국당	1석	2석	3석	1.0%
무소속	25석		25석	8.4%
합 계	245석	54석	299석	100%

(2) 재판 결과

한나라당 당선인 153명 중 16명이 공직선거법 위반으로 기소되었다. 그 중 5명이 당선무효형, 10명이 당선유효형, 1명이 무죄를 선고받았다. 한편 회계책임자 등 선거관계인에게 당선무효형이 선고되어 추가로 당선인 1명이 당선무효가 되었다.

통합민주당은 당선인 81명 중 7명이 기소되었다. 그 중 2명이 당선무효형을, 5명이 당선유효형을 선고받았다. 그 외 친박연대는 공천헌금사건으로 3명이 당선무효형을 선고받았고, 창조한국당도 공천헌금사건으로 2명이 당선무효형을 선고받았다. 민주노동당은 1명이 당선유효형을 선고받았으며 무소속 중 3명이 당선무효형을 선고받아 299명의 당선인 중 총 32명이 기소되어 15명이 당선무효형을 선고받았고 무죄 1명을 빼고 나머지는 모두 당선유효형을 선고받게 되었고 1명은 선거관계인에게 당선무효형이 선고되어 당선이 무효되었다.

정 당	당선무효	당선유효	무죄	합계
한나라당	5명+1명*	10명	1명	16명+1명*
통합민주당	2명	5명		7명
자유선진당				
친박연대	3명			3명
민주노동당		1명		1명
창조한국당	2명			2명
무소속	3명			3명
합 계	15명+1명*	16명	1명	32명+1명*

* 선거관계인에게 당선무효형이 선고되어 당선인이 당선무효

2. 제19대 국회의원선거

(1) 선거 결과

2012. 4. 11. 치러진 제19대 국회의원선거는 투표율이 54.2%였다. 범여권인 새누리당이 152석, 자유선진당이 5석을 차지하였고 범야권인 민주통합당이 제18대 총선보다 46석 많은 127석, 통합진보당이 13석, 무소속이 3석을 얻었다.

정 당	지역구	비례대표	합계	비율
새누리당	127석	25석	152석	50.7%
민주통합당	106석	21석	127석	42.3%
통합진보당	7석	6석	13석	4.3%
자유선진당	3석	2석	5석	1.7%
무소속	3석		3석	1.0%
합계	246석	54석	300석	100%

(2) 재판 결과

새누리당 당선인 152명 중 16명이 공직선거법 위반으로 기소되었다. 그 중 7명이 당선무효형을, 5명이 당선유효형을, 4명이 무죄를 선고받았고 회계책임자 등 선거관계인에게 당선무효형이 선고되어 추가로 당선인 1명이 당선무효가 되었다.

민주통합당은 당선인 127명 중 10명이 기소되었는데 2명이 당선무효형을, 5명이 당선유효형을, 3명이 무죄를 선고받았다. 그 외 자유선진당은 공천헌금사건으로 1명이 당선무효형을 선고받았고, 통합진보당은 당선인 중 1명이 당선유효형을 선고받았다. 무소속 당선인 중 1명이 당선유효형을 선고받아 당선인 300명 중 총 29명이 기소되어 10명이 당선무효형을 선고받았고 당선유효형 12명, 무죄가 7명이었다. 1명은 선거관계인에게 당선무효형이 선고되어 당선이 무효되었다.

정 당	당선무효	당선유효	무죄	합계
새누리당	7명+1명*	5명	4명	16명+1명*
민주통합당	2명	5명	3명	10명
통합진보당		1명		1명
자유선진당	1명			1명
무소속		1명		1명
합 계	10명+1명*	12명	7명	29명+1명*

* 선거관계인에게 당선무효형이 선고되어 당선인이 당선무효

3. 제20대 국회의원선거

(1) 선거 결과

2016. 4. 13. 치러진 제20대 국회의원선거는 투표율이 58.0%로 여권인 새누리당이 122석을 차지한 반면, 범야권인 더불어민주당이 123석, 국민의당이 38석, 정의당이 6석과 무소속이 11석을 얻었다.

정 당	지역구	비례대표	합계	비율
새누리당	105석	17석	122석	40.7%
더불어민주당	110석	13석	123석	41.0%
국민의당	25석	13석	38석	12.7%
정의당	2석	4석	6석	2.0%
무소속	11석		11석	3.7%
합계	253석	47석	300석	100%

(2) 재판 결과

당선인 300명 중 총 37명(배우자, 회계책임자 포함)이 기소되어 7명이 당선무효형을 선고받았고 당선유효형 19명, 무죄가 11명이었다.

선거일 당시 소속 기준으로, 새누리당의 경우 122명 중 10명이 기소되어 3명이 당선무효형, 4명이 당선유효형, 3명이 무죄를 선고받았다. 더불어민주당은 당선인 123명 중 17명이 기소되었는데 1명이 당선무효형을, 12명이 당선유효형을, 4명이 무죄를 선고받았다. 그 외 국민의당은 당선무효형, 당선유효형, 무죄가 각각 2명씩이었고, 무소속은 1명이 당선무효형을, 1명이 당선유효형, 2명이 무죄를 선고받았다. 무소속 4명은 판결 확정시 새누리당 소속이었다.

정 당	당선무효	당선유효	무죄	합계
새누리당	2명+1명*	4명	3명	9명+1명*
더불어민주당	1명	12명	4명	17명
국민의당	1명+1명*	2명	2명	5명+1명*
정의당				
무소속	1명	1명	2명	4명**
합 계	5명+2명*	19명	11명	35명+2명*

* 선거관계인에게 당선무효형이 선고되어 당선인이 당선무효

** 판결 확정시에는 새누리당 소속

4. 제21대 국회의원선거

(1) 선거 결과

2020. 4. 15. 치러진 제21대 국회의원선거는 투표율이 66.2%로 최근 치러진 국회의원선거 중에서 가장 높은 투표율을 보였다. 그리고 거대 양당이 개정된 선거법에 대응하기 위해 위성비례정당을 설립한 것이 특징이라 할 수 있다. 범여권이라고 할 수 있는 더불어민주당 · 더불어시민당이 180석, 열린민주당이 3석을 차지하면서 약진하였고, 범야권인 미래통합당 · 미래한국당이 103석, 정의당이 6석, 국민의당이 3석과 무소속이 5석을 얻었다.

정 당	지역구	비례대표	합계	비율
더불어민주당	163석		180석	60.0%
더불어시민당		17석		
미래통합당	84석		103석	34.3%
미래한국당		19석		
정의당	1석	5석	6석	2.0%
국민의당		3석	3석	1.0%
열린민주당		3석	3석	1.0%
무소속	5석		5석	1.7%
합계	253석	47석	300석	100%

(2) 재판 결과

당선인 300명 중 총 27명(배우자, 회계책임자 포함)이 기소되어 5명이 당선무효형을 선고받았고 당선유효형 17명, 무죄가 5명이었다. 이 가운데 3건(당선무효형 1명, 당선유효형 2명)은 아직 재판 중에 있다.

선거일 당시 소속 기준으로 보면 더불어민주당 · 더불어시민당의 경우 180명 중 12명이 기소되어 3명이 당선무효형을, 8명이 당선유효형을, 1명이 무죄를 선고받았다. 미래통합당 · 미래한국당은 당선인 103명 중 11명이 기소되었는데, 1명이 당선무효형을, 8명이 당선유효형을, 2명이 무죄를 선고받았다. 그 외 정의당은 1명 기소되어 당선무효형을(재판중), 열린민주당은 1명 기소되어 당선유효형을(재판중), 무소속은 2명 기소되어 모두 무죄를 선고받았다. 무소속 2명은 현재 국민의힘 소속이다.

정 당	당선무효	당선유효	무죄	합계
더불어민주당 더불어시민당	2명+1명*	7명+(1명)	1명	11명+1명*
미래통합당 미래한국당	1명*	8명	2명	10명+1명*
정의당	(1명)			1명
국민의당				
열린민주당		(1명)		1명
무소속			2명	2명**
합 계	3명+2명*	17명	5명	25명+2명*

( )는 재판 중인 사건

* 선거관계인에게 당선무효형이 선고되어 당선인이 당선무효

** 판결확정시에는 국민의힘 소속

Chapter 02

허위사실공표죄

I. 개 요

유권자의 올바른 판단에 장애를 줄 수 있는 선거과정에서 허위사실공표 행위를 처벌하는 공직선거법상의 대표적인 규정이 허위사실공표죄이다.

공직선거법은 허위사실공표죄를 당선목적 허위사실공표(법 제250조 제1항), 낙선목적 허위사실공표(법 제250조 제2항), 정당경선관련 허위사실공표(법 제250조 제3항)로 구분하여 규율하고 있다. 낙선목적 허위사실공표죄는 당선목적 허위사실공표죄보다 죄질이 나쁘다고 보아 형량을 가중하고 있다.

아래에서는 제18대부터 제21대까지 국회의원선거에서 당선인에게 적용된 당선목적 허위사실공표 및 낙선목적 허위사실공표죄 관련 사례를 중심으로 설명한다.

1. 공직선거법 규정 분설

(1) 당선목적 허위사실공표죄(법 제250조 제1항)

- 주체 : 누구든지
- 목적 : 당선되거나 되게 할 목적
- 객체 : 후보자(후보자가 되고자 하는 자를 포함), 후보자의 배우자 또는 직계존비속이나 형제자매의 출생지 · 가족관계 · 신분 · 직업 · 경력등 · 재산 · 행위 · 소속단체, 특정인 또는 특정단체로부터의 지지 여부 등
- 행위 : 연설 · 방송 · 신문 · 통신 · 잡지 · 벽보 · 선전문서 기타의 방법으로 후보자(후보자가 되고자 하는 자를 포함)에게 유리하도록 허위의 사실[학력을 게재하는 경우 제64조 제1항의 규정에 의한 방법으로 게재하지 아니한 경우를 포함]을 공표 또는 공표하게 하거나 허위의 사실을 게재한 선전문서를 배포할 목적으로 소지
- 처벌 : 5년 이하의 징역 또는 3,000만원 이하의 벌금

(2) 낙선목적 허위사실공표죄(법 제250조 제2항)

- 주체 : 누구든지
- 목적 : 당선되지 못하게 할 목적
- 객체 : 후보자(후보자가 되고자 하는 자 포함), 그의 배우자 또는 직계존비속이나 형제자매
- 행위 : 연설 · 방송 · 신문 · 통신 · 잡지 · 벽보 · 선전문서 기타의 방법으로 후보자(후보자가 되고자 하는 자를 포함)에게 불리하도록 허위의 사실을 공표 또는 공표하게 하거나 허위의 사실을 게재한 선전문서를 배포할 목적으로 소지
- 처벌 : 7년 이하의 징역 또는 500만원 이상 3,000만원 이하의 벌금

2. 허위사실공표죄 양형기준(대법원 양형위원회 공표)

구 분	감 경	기 준	가 중
당선목적 허위사실공표	70만원 ~ 300만원	~ 10월, 200만원 ~ 800만원	8월 ~ 2년, 500만원 ~ 1,000만원
낙선목적 허위사실공표	~8월, 300만원 ~ 600만원	6월 ~ 2년, 500만원 ~ 1,000만원	1년 ~ 3년

구분		감경요소	가중요소
특별 양형인자	행위	· 사실상 압력 등에 의한 소극적 범행 가담 · 허위사실공표나 후보자 비방의 정도가 약한 경우 · 상대방이 소수이거나 전파성이 낮은 경우 · 배포 목적 선전문서 소지 · 당선목적 당내경선 허위사실공표	· 허위사실 또는 비방내용이 후보자 평가에 관한 선거구민의 매우 중요한 판단 사항에 관계되는 경우 · 선거일에 임박한 경우 · 상대방이 상당히 다수이거나 전파성이 매우 높은 경우 · 범행수법이 매우 불량한 경우 · 사회적 지위나 영향력을 이용하여 범행한 경우(피지휘자에 대한 교사가 적용되는 경우는 제외) · 피지휘자에 대한 교사
	행위자/기타	· 농아자 · 심신미약(본인책임 없음) · 자수 · 선거 전 처벌불원 또는 실질적 피해 회복(공탁 포함)	· 동종 전과(벌금형 포함)
일반 양형인자	행위	· 소극 가담	· 선거관리위원회로부터 경고 등을 받고도 범행한 경우 · 비속어 등 저속한 표현을 사용한 경우
	행위자/기타	· 진지한 반성 · 형사처벌 전력 없음 · 자진 사퇴, 불출마 · 상당한 피해 회복(공탁 포함)	· 후보자, 후보자의 배우자나 직계존·비속, 선거관계인의 범행 · 범행 후 도피하거나 증거은폐 또는 은폐 시도 · 이종 누범 · 합의 시도 중 피해 야기(강요죄 등 다른 범죄가 성립하는 경우는 제외)

Ⅱ. 허위사실공표 사례

제18대~제21대 국회의원선거에서 당선인에 대한 허위사실공표죄로 총 42건이 기소되었다. 그 중 당선목적 허위사실공표죄로 기소된 사건이 37건으로 대부분을 차지한 반면, 낙선목적 허위사실공표죄로 기소된 사건은 5건에 불과하다.

법원은 낙선목적 허위사실공표죄를 엄격하게 보아 당선목적 허위사실공표죄로 기소된 37건에 대해서는 4건(10.8%)만 당선무효형을 선고하였으나, 낙선목적 허위사실공표죄로 기소된 사건 5건에 대해서는 60%에 해당하는 3건에 대해 당선무효형을 선고하였다.

각 선거별 당선목적 허위사실공표죄로 기소된 건수는 제18대 11건에서 제19대는 6건으로 줄었다가 제20대에 14건으로 대폭 늘었으나 제21대 6건으로 다시 줄었다. 제18대 총선에서는 총 11건 중 4건(2건은 다른 선거범죄와 병합)이 당선무효형을, 6건이 당선유효형을, 1건(병합된 사건으로 결국 당선무효형)이 무죄를 선고받았다. 그 이후 총선에서 당선무효형을 선고받은 사건은 없었으나, 제19대 총선에서는 기소된 6건 중 각 3건씩 당선유효형과 무죄가 선고되었고, 제20대 총선에서는 총 14건 중 9건과 5건이 각 당선유효형, 무죄가 선고되었다. 제21대 총선에서는 총 6건 중 5건이 당선유효형, 1건이 무죄가 선고되었는데 무죄선고건은 재판 진행 중이며 다른 형사범죄로 벌금 1,000만원을 선고받아 최종적으로는 당선유효형이 유력한 것으로 보인다.

[당선목적 허위사실공표죄 재판 결과]

선거	당선무효	당선유효	무죄	합계
제18대 총선	4건	6건	1건	11건
제19대 총선		3건	3건	6건
제20대 총선		9건	5건	14건
제21대 총선		5건	1건	6건
합계	4건	23건	10건	37건

낙선목적 허위사실공표죄로 기소된 사건은 5건으로 매우 드물다. 제18대, 제21대 총선에서 각 2건과 1건이 당선무효형이 선고되었고, 제20대 총선에서는 2건이 기소되었으나 모두 무죄가 선고되었다.

[낙선목적 허위사실공표죄 재판 결과]

선거	당선무효	당선유효	무죄	합계
제18대 총선	2건			2건
제20대 총선			2건	2건
제21대 총선	1건			1건
합계	3건		2건	5건

1. 당선목적 허위사실공표 사례

(1) 제18대 국회의원선거

(가) 당선무효형

[KT 상무명칭 사용 및 KT사은품 제공 사건] 벌금 400만원 확정

· KT 상무대우로 재직하였음에도 KT 상무라는 직함 등을 사용하고 선거운동기간 전에 KT사은품을 제공한 사건

사안

피고인이 2007. 8. 7. 한나라당에 입당한 다음 그 무렵부터 피고인 A와 함께 한나라당에 가까운 지역인사들을 만나 자신의 인지도를 높이고 지지를 호소하던 중 무궁화위성 고객, 국제전용 고객, 일반전화기업 고객에게 제공할 목적으로 지급되었던 주식회사 케이티의 사은품인 시가 230,000원 상당의 가방 2개와 시가 46,000원 정도의 지갑벨트 세트 9개를 그와 무관한 피고인 A에게 제공하고, 피고인 A는 피고인의 선거에 도움이 되고자 B에게 주식회사 위 케이티 사은품을 제공하면서 케이티에서 나온 것이라고 이야기하였고, 9월과 10월에 걸쳐 지역유력인사에게 위 지갑·벨트 세트를 돌려 선거운동기간위반 및 기부행위금지 규정을 위반하고, 주식회사 케이티에서 '상무'나 '상무보'보다 하위직급인 '상무대우'로 근무하였음에도 피고인의 홈페이지에 '(전)KT상무'라고 표시하고, 제17대

대통령선거 당시 '한나라당 인천광역시당 선거대책위원회 첨단산업네트워크위원장'으로 임명되었을 뿐임에도 '한나라당 첨단사업 위원회 위원장(전)'이라고 게재하여 허위사실을 공표하였다는 혐의로 기소된 사안

판단

주식회사 KT의 관련규정상 '상무대우'의 직급은 '상무보'의 하위직급이고, '상무보'의 직급은 '상무'의 하위직급에 해당하며 상무대우와 상무에 대하여 회사가 직책에 있어 차별을 두어 부여하고 있으며, '한나라당 첨단산업위원장'은 일반적으로 유권자에게 한나라당의 중앙당 선거대책위원회 소속 기구의 직책을 수행하였다는 의미로 이해된다고 하여 허위사실공표죄를 인정하는 한편, KT사은품 교부행위가 의례적인 행위이거나 단순한 인사치레로 형법상 사회상규에 반하지 않는다는 주장에 대해서는 위 사은품은 KT 고객들에게 제공할 목적으로 지급된 것이고 그 금액이 의례적이라고 보기에는 다액이라고 하여 기부행위도 인정하여 당선무효형을 선고한 사례

[차명재산 허위신고 사건] 징역 3년 벌금 15억원 확정

· 자신의 재산 125억원을 다른 사람의 소유라고 하면서 후보자 재산신고에 누락한 사건

사안

피고인이 A와 B에게 지시하여 미리 준비한 공직선거후보자 재산신고서 등 국회의원 후보자 등록서류를 확인한 다음 2008. 3. 18. 통합민주당에 접수하게 하였고, 통합민주당은 2008. 3. 26. 중앙선거관리위원회에 이를 일괄 접수하여 피고인이 통합민주당 비례대표 6번으로 등록함으로써 위 공직후보자 재산신고서에 2007. 12. 31. 기준으로 피고인의 차명재산 125억을 누락하였다는 혐의로 기소된 사안

판단시안

이 사건은 재산신고 당시 피고인이 차명으로 보유한 임직원 명의의 재산이 피고인의 재산인지 여부가 쟁점이었다. 이에 대하여 피고인은 평소 임직원 명의의 차명주식을 임직원들에게 증여하겠다는 취지로 말을 해오다가 재산신고 전에 실제로 증여하였으므로 재산신고 당시 임직원 명의의 차명재산이 피고인 소유

라는 인식이 없었다고 주장하였으나, 법원은 피고인이 2008. 3. 25.경 임직원들에게 차명주식 매각대금의 통장과 도장을 교부한 행위가 증여라고 볼 여지가 있다고 하더라도, 그보다 앞선 2008. 3. 18.경. 피고인이 공직선거후보자 재산신고서를 확인하고 정당에 접수한 이상 위 차명재산이 2007. 12. 31.자 기준으로 피고인 소유라는 인식이 있었다고 보아야 한다고 판단하였다. 또한 일부 재산이 누락되었다고 하여 이미 당선이 사실상 확정된 비례대표 순번(6번)을 받았으므로 선거결과에 영향을 미치지 않았다는 피고인의 주장에 대해서도 피고인이 95억 상당의 차명재산을 보유하고 있다는 사실이 밝혀지면 소속 정당에 대한 선거인의 투표에 부정적인 영향을 초래하였을 것임이 분명하다고 판단하여 당선무효형을 선고하였다

[하버드 대학원 졸업 사건] 벌금 200만원 확정

· 하버드 대학원 졸업 경력을 '하버드대 케네디스쿨 정식 연구원'으로 허위기재한 사건

사안

피고인이 미국 하버드 대학에서 공부한 시간이 1년에 불과하다는 사실을 누락하고 '하버드 대학원 졸업'(공공행정학 석사) 경력을 미국 하버드대 케네디스쿨 정식 연구원 등으로 소개한 홍보물과 명함을 수만 장 배포하여 허위사실을 공표하고, 선거일 전 30일부터 선거일까지의 기간 내에 선거구 안에서 선거구민인 한나라당 당원들을 중심으로 약 80명을 대상으로 하는 집회를 개최하여 당원집회제한규정을 위반하였다는 혐의로 기소된 사안

쟁점과 판단

이 사안은 피고인이 선거홍보물 작성에 관여하였는지 여부가 쟁점이 되었다. 이에 대하여 피고인은 선거홍보물 제작·배포에 관여한 바 없고 이를 전문업체에 맡겨 처리하였기 때문에 범죄의 인식이 없었다는 주장을 하였으나, 법원은 전문업체와 피고인과의 면담내용을 기초로 제작한 선거홍보물 초안을 피고인이 제공받은 사실이 있고, 피고인도 참모들과 함께 초안을 검토하여 초안을 그대로 사용하기로 결정하였다는 사실을 인정한 다음 당선무효형을 선고하였다

시사점

공직선거법 제250조 제1항은 정규학력에 준하는 외국의 교육과정을 게재하는 때에 그 교육과정명과 수학기간을 기재하지 않을 경우에도 허위 사실에 포함된다고 명시적으로 규정하고 있음에도 이를 위반한 사안으로, 선거일 전 30일부터 선거일까지의 기간 내에 4회에 걸쳐 당원집회를 개최한 병합된 범죄와 피고인과 낙선한 2위 후보자와의 유효투표수의 차이가 342표에 불과한 점이 고려되어 당선무효형이 선고되었다

[울산고속도로 통행료 폐지 공약 사건] 벌금 150만원 확정

· 건설교통부로부터 울산고속도로 통행료 폐지 약속을 받았다는 허위 내용을 담은 보도자료 홍보물, 선거공보물을 발송한 사건

사안

제17대 한나라당 국회의원이었던 피고인은 2006년경부터 울산고속도로 통행료 폐지를 촉구하여 오다가 건설교통부 관계자들이 2008. 2. 13. 개최된 국회 건설교통위원회 법안심사위원회에 참석하여 피고인을 비롯한 위원회 소속 의원들의 질의에 유료도로법 개정에 관한 의원입법안을 수용하기 곤란하다고 답변하였고, 위 소위원회 회의 도중 정회 시간에 피고인이 위원장실로 건교부 책임자를 불러 울산고속도로 통행료 폐지를 재차 요구하였으나 위 책임자는 회의석상에서와 같이 '잘 검토하겠다'는 취지로 답변하였으며, 다시 2008. 2. 13. 19:42경 회의를 마친 후 위 건설교통부 관계자들과 저녁식사를 하는 자리에서 맞은편에 배석한 위 책임자에게 울산고속도로 통행료를 폐지하여 줄 것을 여러 차례 다그치듯 요청하였는데, 그 자리에서도 위 책임자는 "잘 검토하겠다", "한국개발연구원의 연구용역 결과를 근간으로 종합개선대책을 마련하여 추진하겠다"는 답변만 2~3차례 되풀이하였을 뿐 울산고속도로 통행료를 폐지하겠다는 취지로 말한 바 없었을 뿐만 아니라, 피고인이 2008. 2. 14. 위 책임자에게 전화하여 "지역주민들에게 울산고속도로 통행료 폐지에 대한 정부의 약속사항을 홍보하겠다"고 말하였는데, 이에 대해 위 책임자가 "통행료 폐지약속을 하였다는 것은

곤란하고, 정부에서 종합대책을 마련하겠다고 약속하였다는 내용으로, 지역주민에게 홍보용으로 가볍게 다루었으면 좋겠다"고 답변하였음에도 불구하고, 피고인이 그날 보좌관에게 지시하여 작성, 배포된 보도자료에는 피고인이 건설교통부로부터 울산고속도로 통행료 폐지를 약속받았다는 내용 외에도 "건교부는 앞으로 고속도로법 시행령 개정을 통해 고속국도 제16호 울산선(울산-언양간 고속도로)을 해제하여 광역시도로 지정하는 절차를 밟게 된다"는 등 통행료 폐지에 관한 구체적인 절차까지 기재되어 있었고, 언론사들은 위 보도자료를 인용한 기사를 게재하는 한편, 그 후에도 피고인은 건설교통부로부터 울산고속도로 통행료 폐지 약속을 받아내었다는 내용을 담은 예비후보자 홍보물, 선거공보를 발송하고, 특히 후보자 방송토론회에서는 같은 지역구에 출마한 다른 후보자로부터 건설교통부에서 울산고속도로 통행료 폐지나 관리권 이양에 관하여 구체적 방침을 정하지 못했다는 내용을 확인하였다고 추궁받게 되자, 그러한 약속을 받은 것은 사실이나 건설교통부에서 다른 지역 고속도로와의 형평상 이를 공개하지 못하는 것이라는 취지로 답변하는 등 울산고속도로 통행료 폐지에 관한 허위사실을 공표하였다는 혐의로 기소된 사안

판단

법원은 ① 울산고속도로 통행료 폐지 문제는 울산 시민의 주요한 관심 대상이었고, 그 폐지를 약속받았다고 허위사실을 공표하는 것은 비록 피고인의 선거구민들이 울산고속도로를 다른 울산광역시 지역구 주민들보다 빈번하게 이용하지 않는다 하더라도 상당수 이를 이용하고 있어 통행료 폐지에 관심을 가지지 않을 수 없었다는 점, ② 특히 피고인으로서는 통행료 폐지를 약속받았다는 점을 내세워 지역구 주민들에게 피고인이 정부에 강한 영향력을 행사하여 주요 정치 현안을 해결할 수 있는 힘있는 국회의원이라는 것을 손쉽게 강조할 수 있다는 점, ③ 이에 피고인으로서는 그러한 통행료 폐지 약속을 주요 업적의 하나로 반복하여 보도하거나 선전하였고, 그러한 허위사실을 공표한 횟수나 홍보물의 수가 적지 아니한 점, ④ 울산광역시 북구 선거구는 주민들 중 현대자동차(주) 노동자들이 많아 그와 관련된 민주노동당의 지지율이 높았고, 피고인이 제17대 국회의원선거에서 민주노동당 후보에게 패배한 전력도 있어, 제18대 국회의원

선거에서 피고인이 당선을 낙관하고 있을 상황이 아니었던 점을 들어 당선무효형을 선고하였다

시사점

한 건의 당선목적 허위사실공포 행위로도 당선무효형을 선고한 특이한 사례

(나) 당선유효형

[소각장 해결 보도자료 사건] 벌금 80만원 확정

사안

피고인이 제18대 국회의원 선거 당시 피고인의 요청으로 충청북도가 다른 지역 폐기물 처리시설 공동활용을 추진했고, 환경부에서도 이를 승인해 오창 소각장 문제가 해결됐다는 허위사실을 담은 보도자료를 배포하였다는 혐의로 기소된 사안

판단

행정기관의 공식적 입장이 아닌 사실을 공표한 것은 사실이나 피고인이 해당 문제 해결을 공약으로 내걸었고, 나름대로 해결 방안과 실현 가능성을 검토한 점 및 높은 득표율로 당선된 점을 참작하여 당선유효형을 선고한 사례

[1급을 차관보급으로 게재한 사건] 벌금 80만원 확정

사안

피고인이 제18대 총선 예비후보로 등록한 2007년 12월 중순부터 2008년 3월 말까지 선거구 내에서 '국회 정책연구위원(차관보급)'이라고 적힌 예비후보자 명함 500장을 배포하고, 인터넷 블로그의 경력란에 같은 내용을 기재하는 등 허위사실을 공표하였다는 혐의로 기소된 사안

판단

피고인이 역임한 1급 상당의 정책연구위원은 차관보에 상응하는 대우를 받는

직책이 아니었는데도 자신의 경력을 '차관보급'이라고 기재한 명함과 예비후보자 홍보물을 유권자에게 교부함으로써 유권자의 정확한 판단을 흐리게 하였다고 보아 유죄를 선고하였으나, 당선무효에 이를 정도의 비위로 보이지 않는다고 하여 당선유효형을 선고한 사례

[국회의원 비서관 직함 사용 사건] 벌금 80만원 확정

사안

피고인이 제18대 국회의원선거 과정에서 고(故) A 국회의원의 비서로 근무한 자신의 경력을 비서관으로 근무한 것으로 의정보고서 등에 허위로 기재하고, 방송토론회에서 시흥지역의 그린벨트 해제 면적을 부풀려 발언하는 등 허위사실을 공표하였는 혐의로 기소된 사안

판단

피고인이 고(故) A 의원의 비서로 활동했으면서 비서관으로 표기한 것은 유권자에게 오해를 불러일으킬 가능성이 충분하지만 사실상 비서로 활동했고, 시흥시 장현동, 매화동 일대가 그린벨트에서 해제된 것처럼 발언한 것 역시 해당 지역이 그린벨트 조정가능지역으로 향후 해제될 가능성이 큰 지역이라는 점 등을 감안하면 표현 자체의 허위성이 크지 않다고 하여 당선유효형을 선고한 사례

[허위 전과 기록 제출 사건] 벌금 90만원 확정

사안

피고인이 한나라당 비례대표 후보로 나선 제18대 국회의원 선거에서 2차례의 전과가 있음에도 범죄경력조회신청서에 '실효된 형 미포함'이란 문구를 기록해 경찰에 제출하고, 경찰로부터 전과가 누락된 범죄경력조회서를 받은 뒤 한나라당 중앙당에 제출하고 이를 바탕으로 작성된 전과기록증명서를 선관위에 제출케 함으로써 허위사실을 공표하였다는 혐의로 기소된 사안

판단

허위사실공표가 지역구 의원에 비해 당선에 크게 영향을 미치지 않는 비례대표인 점과 한센인 출신으로 한센인의 복지를 위해 활동해 온 점 등을 감안하여 당선유효형을 선고한 사례

[파리정치대학원 사건] 벌금 80만원 확정

사안

피고인이 제18대 국회의원 선거홍보물에 정규학력으로 볼 수 없는 '파리정치대학원' 수료 사실을 정규학력을 이수한 것으로 표기하여 허위사실을 공표하였다는 혐의로 기소된 사안

쟁점과 판단

이 사안은 '파리정치대학원'이 법 제64조 제1항의 규정된 정규학력인지 여부가 쟁점이었다. 이에 대해 법원은 ① Ecole des Hautes Etudes Politiques(정치고등교육학교, 이하 'HEP'라고 한다)는 한국어 학교명을 '파리정치대학원'이라는 명칭을 사용하고는 있으나, HEP는 프랑스의 교육법에 의하여 대학(Universite)이라는 명칭을 사용할 수 없고 국가학위를 수여할 수 없는 프랑스의 고등교육기관 중 사립전문학교(Ecoles specialisees)에 해당하는 고등교육기관인 점, ② 이 사건 교육과정은 전 단계의 학력 또는 학위의 취득을 입학자격으로 명확하게 규정하고 있는 우리나라의 고등교육법의 규정과는 달리 석사학위 소지자 외에도 전·현직 정치지도자 및 고위관료, 여성지도자, 학사학위 소지자로 전문직경력자에게 입학자격을 부여하고 있어 자의적, 편의적으로 해석되어 운용될 여지가 있는 점, ③ HEP의 정규과정의 수업연한이 1년인데 이 사건 교육과정의 수업연한은 프랑스에서의 2주간 교육과정과 한국에서의 6개월간 월 1회 교육과정으로 구성되어 있으며, 프랑스에서 2주 동안 실제 이루어진 수업시간은 약 80시간 정도이며, 한국에서 6개월 동안 실제 이루어진 수업시간은 약 40여 시간에 불과한 점, ④ HEP의 정규과정의 운영과는 달리 이 사건 교육과정의 운영은 프랑스어로 진행되지 아니하고, 프랑스에서의 교육과정조차 프랑스어를 한국어로 동시통역하

는 방식으로 진행되었고, 이 사건 교육과정 중 프랑스에서의 교육과정은 평점 및 학점제 등으로 운영되지 않고 주로 특강과 기관방문으로 이루어졌고 별다른 평가가 이루어지지 않았으며, 한국에서의 교육과정은 HEP가 HEP의 정식교수가 아닌 교원으로 하여금 그 프로그램의 구성, 담당교수의 선정, 한국인 교수의 위촉을 하도록 하고 그 교육과정도 대부분 HEP의 정식교수가 아닌 한국인 교수들이 담당하게 하며, 그 내용도 평점 및 학점제 등으로 운영되지 않고 주로 특강으로 이루어졌고 별다른 평가가 이루어지지 않았으며, 논문의 지도도 HEP의 교수들이 아닌 한국인 교수들이 지도하고 논문의 작성도 한국어로 1부를 작성한 다음 영어나 프랑스어 중 택일하여 요약본을 작성하여 프랑스에 있는 HEP로 보냈고 HEP에서는 요약본인 서류로만 심사한 점, ⑤ 이 사건 교육과정을 마친 사람에게는 이 사건 학위가 수여되었으나, 이는 국가학위가 아니고 위 학위를 국가학위로 인정받기 위해서는 별도로 HEP가 국립대학 등과 협약을 체결하고 그 통제를 받거나 그러한 협약을 체결하지 아니한 경우에는 관할 대학구장(교육감)이 학생의 지식수준 및 적성이 통제되어질 수 있도록 정한 조건을 준수하여야만 국가학위로 인정받을 수 있는데, HEP는 이 사건 학위에 대하여 국립대학 등과 협약을 체결한 사실이 없는 점, 이 사건 교육과정을 마치고 이 사건 학위를 취득한 사람이 대학의 학술학위 과정으로 진학하기 위해서는 해당 대학에 설치된 에끼발랑스(equivalence des diplomes)라는 학위동등인정심사회의의 심사를 거쳐 학술학위 과정으로의 진학 여부를 결정하게 되고, 그 심사 후 진학이 인정되지 않거나 하향조정되기도 하는 점, ⑥ HEP는 이 사건 교육과정과 관련하여 우리나라의 고등교육법이 정하는 바에 따라 한국 학교와 공동연구과정에 관한 협약을 체결하거나 분교 설치 등의 절차를 취하였다는 아무런 자료가 없는 점 등을 종합적으로 검토하면 이 사건 교육과정은 우리나라의 고등교육법이 인정하는 정규학력에 준하는 어느 학력에도 해당하지 않는다고 판단하여 유죄를 선고하였다

시사점

공직선거법 제64조 제1항 및 동법 제250조 제1항에 의하면 학력을 게재하는 경우에는 정규학력과 이에 준하는 외국의 교육과정을 이수한 학력 외에는 게재할 수 없도록 하고 있는데, 여기서 '이에 준하는 외국의 교육과정을 이수한 학력'에 해당하는지 여부는 외국의 교육과정에 대한 입학자격, 수업연한, 교과과정,

학력평가 및 능력인증 절차 등을 종합적으로 고찰하여 합리적으로 판단해야 한다는 대법원 2007도5953 판결과 궤를 같이하여 외국의 교육과정 이수학력에 '파리정치대학원'이 해당하지 않는다고 판단한 사례

(다) 무 죄

[박근혜와 찍은 사진 사건] 벌금 80만원 확정

사안

피고인이 박근혜 전대표와 찍지도 않은 사진 및 아래와 같은 해설기사를 지역신문사에 게재하여 허위사실을 공표하였다는 혐의로 기소된 사안

> 피고인과 안산○○신문사 편집국장인 A는 공모하여, 피고인이 2007. 1. 23.경 박근혜를 만났을 때 찍은 사진을 일부 수정하여 2008. 3. 19.자 안산○○뉴스 제5면, 2008. 3. 26.자 위 신문 제4면에 각 게재하면서, "지난 15일 오후 6시경 ○○가족회관에서 수도권 당협위원장들의 공천탈락에 관한 박근혜 전 대표의 위로모임인 위 자리에 참석한 박근혜 전 대표는 피고인을 비롯한 10여명이 모인 자리에서 각자 살아서 돌아오세요라고 말했고 당협위원장들은 꼭 선거에서 당선되어 돌아오겠습니다라고 화답하며 눈물을 보이기도 하였다", "한나라당 안산 상록(을) 당협위원장인 피고인은 지난 15일 오후 6시경 ○○가족회관에서 수도권, 경기권 당협위원장들의 공천탈락자들에 대한 박근혜 전대표 위로모임에서 위 자리를 떠나기에 앞서 박근혜 전 대표는 피고인 전 안산 상록(갑) 당협위원장에게 열심히 해서 돌아오세요라고 말하며 피고인을 격려하고 있다 이 자리에서 피고인은 알겠습니다. 꼭 선거에서 살아 돌아가겠습니다라고 답변한 뒤 눈물을 보이고 있는 피고인의 모습"이라는 사진 해설기사를 각 게재

판단

피고인이 B를 통해 안산○○신문사 편집국장인 A에게 자신의 당선을 위해 유리한 2008. 3. 17.자 보도자료와 같은 내용을 보도해 줄 것을 부탁하였다는 것은 추인할 수 있으나, 피고인이 위 A에게 "피고인이 박근혜와 2007. 1. 23.에 만나 촬영한 사진을 2008. 3. 15.에 만나서 찍은 사진인 것처럼 해설하여 보도

해 달라"고 부탁하였다거나 위와 같은 허위의 사진 해설 기사 게재와 관련하여 공모하였다고 인정할 자료가 없다고 판단하여 이 부분 무죄를 선고한 사례. 허위사실공표죄는 무죄가 선고되었으나 함께 기소된 후보자비방, 사전선거운동, 기부행위 등이 유죄로 인정되어 당선무효형이 확정

(2) 제19대 국회의원선거

(가) 당선유효형

[등록금 인상률 사건] 벌금 70만원 확정

사안

피고인이 2007년 6월부터 2011년 5월까지 창원대 총장 재임 동안 총장 취임 첫 해 등록금을 한 차례 올렸음에도 제19대 총선과정에서 선거공보물에 '재임기간 등록금 인상률 0%'라고 표기하여 허위사실을 공표하였다는 혐의로 기소된 사안

판단

허위사실 내용이 상당 부분 사실과 부합하고, 선거 과정에서 이 문제가 제기됐는데도 2위 득표자와 상당한 표 차이가 나 허위사실이 유권자들의 정확한 판단을 그르치게 할 정도는 아닌 것으로 판단하여 당선유효형을 선고한 사례

[남부내륙선 조기착공 약속 사건] 벌금 50만원 확정

사안

피고인이 2012. 4. 5. 장날 유세현장에서 "국토해양부 장관이 남부내륙선 조기착공을 약속했다"는 내용의 허위사실을 말하는 등 모두 세 차례 허위사실을 공표하였다는 혐의로 기소된 사안

판단

발언이 의도적, 악의적, 계획적이지 않아 보이고 나름대로 착공을 위해 노력한 점을 감안하여 당선유효형을 선고한 사례

[법무법인 대표 사칭 사건] 벌금 50만원 확정

사안

피고인이 총선 당시 법무법인 ○○의 대표가 아닌데도 선거공보, 명함에 '법무법인 ○○ 대표'로 기재하여 허위사실을 공표하였다는 혐의로 기소된 사안

판단

피고인이 실제로 법무법인 ○○의 대표로 재임한 적이 있고 제19대 국회의원 선거 당시 같은 법무법인의 구성원 변호사이자 김해 분사무소의 유일한 변호사로서 활동하고 있어 피고인이 공표한 사실이 어느 정도는 사실에 기초하고 있으며 법무법인의 주 사무소가 서울이고 김해지역에서는 피고인만이 활동하고 있는 점 등에 비추어 허위사실 공표가 선거인들에게 실제로 미친 영향은 크지 않다고 보아 당선유효형을 선고한 사례

(나) 무 죄

[재산누락 신고 사건] 무죄 확정

사안

피고인이 2012년 제19대 국회의원 후보로 등록하면서 목포시에 있는 공시지가 기준 9,900만원 상당의 토지의 10% 지분을 소유하고도 '재산 없음', '재산세 납부실적 없음'이라고 허위 재산신고를 하였다는 혐의로 기소된 사안

판단

1심은 유죄를 선고하였으나, 항소심 및 대법원은 피고인이 자신의 선거후보자 등록서류 작성 및 제출 업무를 선거사무장에게 위임하였는데, 사무장이 각 항목별 재산이 1,000만원 미만이면 신고대상이 아니라는 선거관리위원회 직원의 답변을 듣고, 이 사건 부동산 지분의 가치가 1,000만원 미만이어서 이 사건 부동산 지분을 신고하지 아니한 것이라는 주장을 인정하여 무죄를 선고한 사례

[배우자 재산 축소 신고 사건] 무죄 확정

사안

피고인의 배우자 이름으로 된 3억여 원 상당의 건물 가격을 축소하는 등 총 1억 8천여만원을 빠뜨려 허위 재산신고를 하였다고 기소된 사안

판단

당내 경선시 재산신고에 있어 군산과 익산 관청에 재산세 관련해 문의를 했고 신고 누락된 세금액과 대출 축소금액이 전체 금액에 비해 미미하며 재산세를 이용해 선거에 활용하지 않은 점 등에 비추어 당선목적을 가지고 허위라는 인식 아래 위와 같은 재산신고를 한 것으로 보기 어렵다고 판단하여 무죄를 선고한 사례

[후보자와 성관계 진정 사건] 무죄 확정

사안

상피고인이 2012년 2월 중순경 "피고인으로 인한 가정파탄에 관한 이야기입니다. 당시 구청장이었던 피고인과 A언니는 연인이 되어 모텔에서 관계를 갖고 임신을 하게 되어 A의 가정이 파탄에 빠져 이혼 및 낙태 후 외롭게 살고 있습니다"는 내용의 「확인서」를 작성하여 B를 통하여 2012. 2. 18.경 공직후보자추천심사위원회에 제출하였음. 이에 대해 피고인이 "저와 같은 수영구에 공천을 신청한 C 후보 측에 의해 철저히 조작된 시나리오에 의한 것이었습니다. 당시에 강도 높은 경찰조사가 이뤄졌고, 아무 근거도 증거도 없는 허위사실로 확인됐습니다."라는 내용의 「보도자료」를 배포하였는데, 피고인이 사실은 위와 같이 A와 성관계를 가진 사실이 있음에도 불구하고 당선될 목적으로 'A와 성관계를 갖지 않았고 성추문은 조작된 것'이라는 취지로 기자회견을 하여 C 후보자의 인격, 행위 등에 관한 허위사실을 공표하였다는 혐의로 기소된 사안

판단

피고인과 A가 반강제적으로 성관계를 맺었다는 사실을 인정할 만한 객관적인

증거가 없고 A의 진술은 일관성이 없어 신뢰할 수 없다며 A가 주장한 임신과 낙태 등은 의료기록 등으로 미루어 보더라도 피고인과 무관한 것으로 판단된다며 무죄를 선고한 사례

(3) 제20대 국회의원선거

(가) 당선유효형

[사면 · 복권 성명서 사건] 벌금 80만원 확정

사안

피고인이 2002년 뇌물수수 혐의로 기소돼 대법원에서 징역 1년에 집행유예 2년의 유죄 확정판결을 받은 후 사면 · 복권받은 사실이 없음에도 '사면 · 복권을 받았다'고 성명서에 표기하여 허위사실을 공표하였다는 혐의로 기소된 사안

판단

제20대 총선을 1년이나 앞두고 언론사에 성명서를 보냈으나 내용이 실제 선거에 크게 영향을 미치지 않은 점, 이후 새누리당이 공천신청 자격 문제를 해결해 공천이 가능해진 점을 근거로 당선유효형을 선고한 사례
이 사안은 위 허위사실공표와 함께 피고인의 노력으로 정부가 조선업종을 특별고용지원업종으로 지정하고 확대방안까지 검토하고 있다는 내용의 기자회견을 한 행위(허위사실공표)도 함께 기소되었으나, 이 점은 무죄로 판단

[재산 축소 신고 사건1] 벌금 80만원 확정

사안

제20대 총선을 앞둔 2016년 3월 피고인이 후보자 등록 때 본인 소유의 강원 평창군의 토지 가격을 공시지가보다 약 13억원 낮춰 5억 8천만원으로 축소신고하고 이를 게재하여 허위사실을 공표하였다는 혐의로 기소된 사안

판단

피고인은 재산을 축소신고할 고의가 없다고 항변하였으나, 축소 공표된 재산의 가액이 13억원 상당으로 매우 크다면서 피고인의 미필적 고의를 인정하면서도 당선유효형을 선고한 사례

시사점

선거관리위원회의 재정신청 사건으로 검찰은 재판에서 사실상 무죄 취지 구형

[과림동 그린벨트 해제 사건] 벌금 90만원 확정

사안

총선을 앞둔 2015년 12월부터 2016년 6월까지 7만 5천부 배포한 의정보고서에 2010년 이뤄진 과림동 일대 개발제한구역 해제를 자신의 의정활동 내역처럼 '과림동 그린벨트 해제'라고 표기하는 등 자신에게 유리한 사정으로 왜곡해 허위사실을 공표하였다는 혐의로 기소된 사안

판단

선거를 목전에 둔 시점에서 선거구민의 46%에 달하는 7만 5,000부의 왜곡된 내용이 담긴 의정보고서를 배포한 점, 선거구민의 중요한 관심사를 왜곡했다는 점 등에 비추어 피고인이 당선을 목적으로 허위사실을 공표한 점은 인정되나 당해 선거에서 넉넉한 표차로 당선되었고 공직선거법 처벌 전력이 없으며, 다른 범죄도 벌금형밖에 없는 점 등을 참작하여 당선유효형을 선고한 사례

[산단사업 예산확보 사건] 벌금 80만원 확정

사안

선거 공보물과 명함에 '하남산단 혁신산단 사업 2,994억원 예산확보'라고 기재하고, 피고인의 페이스북에도 "광산을을 위해 3,156억여원의 예산을 확보했다"며 '하남산단 혁신산단 지정(2,499억원)'이라는 세부 내용이 적힌 홍보물을 게시하여 허위사실을 공표하였다는 혐의로 기소된 사안

판단

예산이 확보된 사실이 없음에도 불구하고 허위사실을 공표함으로써 선거의 공정성을 훼손했으나 해당 사업에 있어 피고인이 상당한 노력을 기울인 점, 해당 사업이 지속적으로 진행될 개연성이 높은 점, 게시된 허위사실 문구가 후보자에 대한 판단을 그르치게 할 정도로 무겁지 않은 점 등을 참작하여 당선유효형을 선고한 사례

시사점

더불어민주당의 재정신청 사건으로 검찰은 재판에서 사실상 무죄 취지 구형

[외자유치 공적 사건] 벌금 80만원 확정

사안

외자유치 보좌관 역할을 맡지 않았는데도 "(도지사) 보좌관 시절, 14조원 규모의 외자기업을 유치했다"고 선거공보와 토론회 등에서 사실과 다르게 알리고, 혁신분권 보좌관 경력을 부풀려 공표하였다는 혐의로 기소된 사안

판단

공보 문구가 허위라고 할 수 있지만, 보좌관을 역임하며 외자 유치와 일자리 창출에 간접적으로 영향을 미친 것이 당시 작성된 경기백서에도 명시돼 있어 일부 인정되고 실제 선거에서 14%p에 이르는 큰 표 차이로 당선된 점을 참작하여 당선유효형을 선고한 사례

[구리시 그린벨트 해제 사건] 벌금 80만원 확정

사안

국토교통부 중앙도시계획위원회의 의결은 '조건부 의결'이어서 그린벨트(개발제한구역) 해제의 효과가 없음에도 2015년 3월~4월 구리시내 12곳에 "구리월드디자인시티 그린벨트 해제! 시민 여러분의 승리입니다"라는 내용이 기재된 현수막을 걸어 허위사실을 공표하였다는 혐의로 기소된 사안

판단

현수막은 전파성이 비교적 약하고 총선 1년 전에 걸린 점, 철거가 용이한 점, 10일 정도로 짧은 기간 걸려 선거에 큰 영향을 미치지 않았을 것으로 보이는 점 등을 참작하여 당선유효형을 선고한 사례

이 사안에서 피고인은 위 현수막 게시에 관여한 바 없다고 주장하였으나, 법원은 비서관이 자신이 제작해 걸었다고 인정했고 비서관은 통상 국회의원의 감독 없이 스스로 행동하지 않아 피고인이 관여한 것으로 보인다고 하면서 피고인이 제17대 총선부터 줄곧 출마한 데다 당시 경쟁 후보가 없어 시민들은 피고인이 제20대 총선에도 당연히 출마할 것으로 인식했을 것이고 현수막을 많은 시민이 알 수 있는 장소에 걸어 총선에서 당선될 목적으로 현수막을 건 것으로 보아야 하며 현수막 내용도 '그린벨트가 해제돼야 한다'는 전제 조건이 빠져 허위사실에 해당한다며 피고인의 항변을 배척

[동부지법 존치 사건] 벌금 80만원 확정

사안

제20대 총선을 앞두고 피고인의 선거사무소에서 열린 기자간담회와 선거공보물에서 "16대 의원 당시 법원행정처장에게 서울동부지법 존치 약속을 받았다"는 허위사실을 공표 혐의로 기소된 사안

판단

발언 전체 내용 등에 비춰보면 허위사실에 해당하는 내용을 중요 업적으로 강조하고 있지 않으며, 이것이 선거 결과에 큰 영향을 미쳤다고 단정하기 어려워 당선무효형은 지나치다고 판단하여 당선유효형을 선고한 사례

[민노당 입당 사건] 벌금 80만원 확정

사안

선거를 앞두고 방송사 전화인터뷰를 하면서 민주노동당 입당 사실이 있는데도 없다며 허위사실을 공표하였다는 혐의로 기소된 사안

판단

허위사실 공표가 선거 결과에 큰 영향을 미치지 않은 점을 참작하여 당선유효형을 선고한 사례

[반 학생 수 사건] 벌금 70만원 선고유예

사안

총선을 앞두고 길거리 유세를 하면서 "국회의원 재직 당시 구로지역 모든 학교의 반 학생 수를 25명으로 줄였다"는 허위사실을 공표하였다는 혐의로 기소된 사안

판단

피고인은 "선거 지역구인 구로을에 있는 모든 학교는 25명 이하로 감축이 완료돼 객관적 사실에 부합한다"며 혐의를 부인하였으나, 법원은 피고인이 자신의 업적을 과장해 유권자가 공정한 판단을 하기 힘들 정도의 허위사실을 공표하였다고 하면서 그러나 관계기관에 최소한의 사실확인을 거치려 노력한 사실이 인정되고 과거 공직선거법을 위반한 전력도 없다며 당선유효형인 선고유예형을 선고한 사례

* 선고유예 : 죄는 인정되지만 형의 선고를 유예

(나) 무 죄

[삼성전자 유치 사건] 무죄 확정

사안

새누리당 내부 경선 과정에서 진행된 여론조사에서 2위를 기록했지만, 서울 서초을 지역구민인 당원 5명에게 자신이 1위를 차지했다고 알리고, 예비후보자 홍보물과 선거공보에 피고인이 서초구청장을 퇴직한 후 구체적인 계획이 수립되었음에도 불구하고 서초구청장 재직 시 우면동에 삼성전자 연구소를 유치했다고 기재하는 등 허위사실을 공표하였다는 혐의로 기소된 사안

판단

피고인이 책임당원 다섯 명 중 한 사람에게 여론조사 결과를 왜곡해서 말했더라도 이 결과가 불특정 다수에게 퍼졌다고 보기 어렵고 그가 나머지 네 사람에게도 여론조사 결과를 말했다는 증거도 없다며 이 부분은 무죄를 선고하는 한편, 비록 삼성 연구소 건립 결정이 2011년 말에 내려졌더라도 피고인의 공로가 없다고 보기 어렵고 연구소를 유치했다는 문구는 피고인이 서초구 부구청장과 구청장으로 일하면서 노력한 결과 이런 연구시설이 들어왔다는 뜻으로 볼 수 있다고 하여 무죄를 선고한 사례

[성일고 졸업 사건] 무죄 확정

사안

성일고등학교를 졸업한 사실이 없는데도 공식 블로그에 성일고를 졸업했다는 학력을 게재하고 언론과의 인터뷰와 후보자 토론회에서 성일고를 다니고 졸업했다는 취지로 발언하여 허위사실을 공표하였다는 혐의로 기소된 사안

판단

1심에서는 병적기록부와 당시 언론보도 내용, 성일고의 졸업대장과 졸업앨범, 입·퇴학학생처리부 등을 보아 피고인의 졸업 주장은 허위사실에 해당한다며

당선무효형인 벌금 500만원을 선고하였으나, 2심과 대법원은 피고인이 성일고 재학 당시의 선생님이나 친구, 수학여행지 등에 대한 진술이 부정확하거나 제대로 기억하지 못하거나 객관적 사실에 맞지 않는 점, 서류 원본이 경기도 관련 기관에 보관되지 않았다는 점은 인정된다면서도 40년 전의 사실에 대한 진술인 만큼 일부 기억이 부정확할 수 있다는 것만으로 피고인의 진술 전체를 허위라고 보기 어렵고 생활기록부가 있는 이상 관련 증거들만으로는 피고인이 성일고 직원 등과 공모해 생활기록부 등을 위조하거나 허위로 작성해서 성일고에 보관시켰다는 증거도 없다며 무죄를 선고한 사례

[울산광역시 지방도 승격 사건] 무죄 확정

사안

해당 지방도가 국도 지선으로 승격되지 않았음에도 선거공보물에 "울주군에 있는 울산광역시 지방도를 국도 지선으로 승격시켰다"고 기재하여 허위사실을 공표하였다는 혐의로 기소된 사안

판단

피고인이 선거공보에 허위사실이 기재된 사실에 대한 인식이 없었고 제작 과정에 관여하지 않았으며 선거공보의 제작을 담당한 보좌관에게 허위의 표현을 기재하도록 지시하거나 관여하는 등의 방법으로 범행을 공모했음을 인정할 증거가 없다며 무죄를 선고한 사례(보좌관은 벌금 80만원 선고)

[한국매니페스토 공약이행평가 사건] 무죄 확정

사안

새누리당 당내 경선기간에 '한국매니페스토 실천본부공약이행평가 71.4%로 강원도 3위'라는 문자메시지를 지역 선거구민 9만 1,158명에게 발송하여 허위사실을 공표하였다는 혐의로 기소된 사안

판단

1심(국민참여재판)은 피고인이 지난 제19대 총선 당내경선 과정에서 춘천지역 유권자에게 정확하지 않은 공약이행률을 문자메시지를 보낸 것은 허위사실공표에 해당하고 문자메시지가 사실과 맞지 않는다는 인식도 있어 고의성이 인정된다고 하여 벌금 200만원을 선고하였으나, 항소심과 대법원은 문자메시지 내용에 적시된 객관적 사실인 개인별 공약이행률이나 지역내 순위가 실천본부 홈페이지에 표시돼 있지는 않지만 자료를 통해 이행률과 지역별 순위를 산정할 수 있는 것은 명백하다며 일부 세세한 내용이 다르다고 해서 문자메시지 전체를 허위라고 볼 수는 없다고 하여 무죄를 선고하였다

[변호사 사임이력 사건] 무죄 확정

사안

변호사로 활동하던 2013년 원주 돌보미 폭행 사건의 가해자 변호를 맡았다가 사임한 이력이 문제가 되자 피고인이 방송토론 과정에서 "의뢰인에게 가해사실을 인정하고 합의하라는 권유를 한 뒤 사임했다"고 허위사실을 공표한 혐의로 기소된 사안

판단

피고인이 지난해 4.13 총선 기간에 개최된 TV토론과 SNS상에서 한 이른바 '원주 돌보미 폭행 사건 가해자 변호' 관련 발언에 대해 일부 증인의 진술을 믿기 어렵고 검찰의 공소사실을 유죄로 인정할 만한 증거가 부족하다며 무죄를 선고한 사례

(4) 제21대 국회의원선거

(가) 당선유효형

[재산축소 신고 사건2] 벌금 80만원 확정

사안

국회의원 재산신고에는 약 30억원의 재산을 신고하였으나 총선 비례대표 후보 등록 당시에는 재산을 18억 5,000만원이라고 신고하여 총선 당시 약 11억원의 재산을 누락해 축소신고하였다고 기소된 사안

판단

피고인은 언론사에서 일하며 대부분을 사회부, 정치부에서 활동했기 때문에 공직자 재산등록과 신고에 지식이 없는 사람으로 보기 어렵고 재산신고 당시 제출한 보유 현황과 실제 재산 차이가 약 7억 5천 6백여만원에 이르며, 피고인이 잘못을 인정하고 있지 않아 죄질이 가볍다고 할 수 없지만 피고인이 적극적인 의도를 가지고 허위사실을 기재한 것으로 보여지지 않고 이와 같은 허위사실이 비례대표 경선과 당선에 큰 영향을 주지는 않았다고 보아 당선유효형을 선고한 사례

[소상공인 회장 명칭 사용 사건] 벌금 80만원 확정

사안

과거 '자유한국당 소상공인살리기 경제특별위원회 조직분과 경기도 포천시회장'을 맡았던 것에 불과한데도 예비후보 선거사무소 외벽 현수막과 페이스북, 블로그 등에 '소상공인회장'으로 경력을 기재하여 허위사실 공표하였다는 혐의로 기소된 사안

판단

피고인은 소상공인회장이라는 명칭을 사용하였다는 사실을 몰랐다고 주장하였으나 현수막은 중요한 선거운동 방법인데도 회계책임자 혼자 처리했다는 것은

받아들이기 어렵고, 미리 협의가 이뤄졌거나 최소한 알았는데도 묵인한 것으로 보인다고 하면서도, 위 현수막 등의 문구 표시가 의도적이고 계획적인 것으로 보이지 않고 선거에 큰 영향을 미쳤다고 단정하기 어렵다며 당선유효형을 선고한 사례

[제주 4.3 특별법 개정 요청 사건] 벌금 90만원 확정

사안

길거리 유세에서 자신이 문재인 대통령의 4.3추념식 참석과 4.3특별법 개정 요청을 개인적으로 한 것처럼 연설을 하였고, 방송토론회에서 '국가균형발전위원회 위원장' 재직 기간 중 경제적 이익 없이 무보수로 근무한 것처럼 발언하여 허위사실을 공표하였다는 혐의로 기소된 사안

판단

해당 발언은 대통령의 국정수행 지지도가 높은 상황에서 지역현안인 4.3과 관련된 발언으로 문재인 대통령이 후보자에게 지역 주요 현안을 해결해 주려 한다는 인상을 주어 소위 힘이 있는 국회의원을 원하는 유권자에게 상당한 영향을 미칠 수 있는 발언이라고 보면서도 당선유효형을 선고한 사례

방송토론회에서 '국가균형발전위원회 위원장' 재직 기간 중 경제적 이익 없이 무보수로 근무한 것처럼 발언한 혐의에 대해서는 피고인의 '무보수 대가' 발언은 상대 후보의 질문에 답변하는 과정에서 '3년간 위원장 재직 대가로 특별법 개정 약속을 요청하지 않았다'는 취지를 강조하기 위한 의도에서 한 것이라며 적극적으로 허위사실을 표명한 것이라 볼 수 없다고 하여 이 부분은 무죄를 선고

시사점

위 무죄 부분은 2019년 이재명 경기도지사의 공직선거법 위반 사건에 관한 전원합의체 판례(토론 과정에서 질문과 답변이 오갈 때, 의도적으로 사실을 왜곡하지 않는 한 과장된 표현까지 허위사실공표로 볼 수 없음)의 취지를 따라간 판결로 보임

[배우자 재산누락 신고 사건] 벌금 80만원 확정

사안

제21대 국회의원선거 후보자로 등록하면서 피고인의 배우자가 소유한 10억원대 상가 건물의 대지면적과 신고가액을 축소신고하고 해당 상가 임차보증금반환채무와 배우자 보유 아파트 전세보증금반환채무(6억 5천만원)를 누락신고하여 허위사실을 공표하였다는 혐의로 기소된 사안

판단

선거인에게 개별 발송되는 선거공보에 비례대표 후보의 재산사항을 기재하지 않는 점, 공직선거법 처벌 전력이 없는 점, 비례대표 후보 선정경위와 당선경위, 공표된 허위사실 정도, 유사사건과 형평의 균형 등 제반 사정을 참작하여 당선유효형을 선고한 사례

[팟캐스트 발언 사건] 벌금 80만원(1심)

사안

총선 기간에 한 인터넷 팟캐스트 방송에 출연해 A가 고등학교 때부터 인턴활동을 했다고 발언하여 허위사실을 공표하였다는 혐의로 기소된 사안

판단

1심은 A의 인턴활동 사실에 대한 주장을 믿기 어렵다며 유죄를 인정하면서 비례대표 후보자는 정당 투표 결과에 따라 당선되는데 열린민주당 지지율, 피고인의 비례대표 순번을 고려하면 이 사건 범행이 피고인 당선에 결정적 영향 줬다거나 선거 공정성을 심각하게 훼손했다고 보기는 어렵다고 판단하여 당선유효형을 선고한 사례(재판 계속 중)

(나) 무 죄

[재산축소 신고 사건3] 무죄(2심) * 무고 벌금 1,000만원(2심)

사안

차명 보유했다는 의혹이 제기된 부동산 네 채 중 이미 처분한 세 채를 뺀 송파구 상가 건물 한 채에 대해 남동생 명의로 된 지분 10분의 2(5억 2,800만원)를 누락하여 재산을 허위로 신고한 혐의와 관련 의혹을 제기한 기자, 당직자 등을 고소하여 무고 혐의로 기소된 사안

판단

1심은 축소신고한 부동산 4건은 실질적으로 피고인 소유로 보는 것이 합당하다고 하면서 후보자의 경제생활은 유권자들이 후보를 선택하는 데 중요해 가볍게 볼 수 없는데 수사·재판 과정에서 범행을 부인하고 문제삼는 당직자와 언론인을 무고까지 해 피고인이 반성하고 있다고 보기 어렵다면서 공직선거법 위반에 대하여는 벌금 300만원(당선무효형), 무고에 대하여는 징역 8개월에 집행유예 2년을 선고하였으나, 2심은 각 부동산 매매에 피고인 명의의 계좌가 사용된 사실은 인정되지만 입금된 자금이 피고인 소유라는 것을 인정하기엔 부족하다며 공직선거법에 대하여는 무죄, 무고에 대하여는 벌금 1,000만원 선고(당선유효형)한 사례(재판 계속 중)

2. 낙선목적 허위사실공표

(1) 제18대 국회의원선거

[금품 제공 조작 주장 사건] 징역 1년 6월 확정

· 선거운동과 관련하여 4,000만원을 금품을 제공하고도 상대후보가 이를 문제삼자 상대후보측이 이 사건을 조작했다며 기자회견을 한 사건

사안

피고인이 2008. 4. 9. 실시된 제18대 국회의원 선거에서 A 등과 공모하여 경주시 지역 후보자로 출마한 피고인의 선거운동과 관련하여 B 등 9명에게 4,000만

원을 제공하였음(기부행위)에도 불구하고 이러한 금품제공행위가 문제가 되자 2008. 4. 2.에 피고인의 공동선거대책 본부장인 A로 하여금 기자회견을 개최케 하여 상대후보인 C 측에서 이 사건을 조작했다는 발표를 하게 하고, 같은 해 4. 5.에는 피고인이 중앙시장에서 위와 같은 주장을 선거연설 내용으로 포함시키는 등 허위사실을 공표하였다는 혐의로 기소된 사안

판단

피고인은 당시 방송출연 등으로 바빠서 개입할 여지가 없었다고 주장하였으나, 법원은 공동선거대책위원장인 A가 일관되게 "피고인이 직접 기자들을 불러서 기자회견을 할 예정이었는데 후보자가 갑자기 급한 일이 있어 나가봐야 하니 A에게 대신 읽어 주라고 하면서 기자회견문을 건네 주길래 A가 대신 낭독하게 된 것이다"라고 진술함으로 유죄를 인정하고 당선무효형을 선고한 사례

[북침설 주장 사건] 벌금 300만원 확정

· 방송토론 과정에서 상대후보가 북침설을 주장하였다는 허위사실을 발언한 사건

사안

선거일 직전인 2008. 4. 7. CBS 전북본부 등이 개최한 후보자초청 생방송토론회에서 피고인이 상대당 후보에게 "나는 A 후보의 정체성에 대해 묻고 싶어요. A 후보는 민주화 시위운동으로 들어간 사람이 아닙니다. 국가보안법, 북침설을 주장하다가 실은 징역살이 한 사람입니다. 그런데 이것을 민주화운동 운운하면서, 노루뼈 3년 울궈먹듯이, 노루뼈 3년 울궈먹었으면 됐어요"라는 등의 발언을 하여 허위사실을 공표하였다는 혐의로 기소된 사안

판단

방송토론에서 상대방의 비위에 대한 발언을 하는 경우 그 진실성 및 의혹이 진실인 것으로 믿을 만한 상당한 이유가 있는 경우에 한해 허용된다(대법원 2003. 2. 20. 선고 2001도6138 전원합의체 판결)는 법리를 그대로 인용하여 당선무효형을 선고한 사례

(2) 제20대 국회의원선거

[전과가 전국에서 두 번째 사건] 무죄 확정

사안

거리유세에서 “기호 ○번(A 후보) 전과가 전국에서 두 번째로 많다고 한다”는 잘못된 사실을 말하여 허위사실을 공표하였다는 혐의로 기소된 사안

판단

상대후보는 국민의당 총선 후보 가운데 전과가 두 번째로 많은 것은 사실이나 총선에 출마한 모든 후보 중 전과가 두 번째로 많지는 않고 피고인이 상대 후보의 전과에 대해 사실과 다른 내용으로 발언했으므로 허위사실을 공표했다고 볼 수 있다면서도 과반이 넘는 득표로 선거에 당선된 결과를 봤을 때 당선무효형의 위험을 무릅쓰고 득표율 3위 후보에 대한 허위사실을 공표할 이유가 없었고, 실수로 본래의 의도와는 달리 비교의 대상이 되는 모집단을 정확하게 특정하지 않은 표현을 하게 되었을 가능성을 배제할 수 없을 뿐만 아니라 즉흥적인 거리유세의 특성상 의도와 다른 불명확한 발언을 했을 가능성도 배제할 수 없어 피고인에게 허위사실을 공표한다는 인식과 의사가 있었다고 인정하기에 부족하다며 무죄를 선고한 사례

[강남 백화점 사건] 무죄 확정

사안

경기 시흥시 ○○시장에서 피고인이 A 당시 더불어민주당 국회의원 후보자를 위해 지원유세를 하면서 상대후보에 대해 “여기 ○○시장 같은데 와서 장 봐 보셨을 것 같아요? 아니요, 강남 백화점에서 음식 사먹어요, VIP룸에서 커피 마시는 분”이라고 언급하여 허위사실을 공표하였다는 혐의로 기소된 사안

판단

1심 국민참여재판에서는 배심원의 평결을 받아들여 피고인의 발언은 상대 후보를 지칭한 것으로 인정되지만 지원유세 과정에서 우발적으로 발언한 점 등을

볼 때 국회의원직을 상실할 정도는 아니라며 벌금 250만원의 선고유예를 선고하였으나, 항소심 및 대법원은 피고인의 발언은 상대당 후보자 또는 새누리당의 주요 지지세력인 부유층의 생활방식을 표현하는 의견에 불과하다고 보여지며 구체적으로 특정 후보를 지칭한 것으로 단정하기 어렵다고 하여 무죄를 선고한 사례

(3) 제21대 국회의원선거

[바이크 고속도로 허용 사건] 벌금 300만원 확정

사안

상대당 후보가 '고속도로'가 아니라 '자동차전용도로'에 배기량 260cc 초과 대형 바이크의 통행을 허용하는 내용의 법안을 대표 발의하였음에도 선거공보물에 "A 의원은 바이크를 타는데 바이크의 고속도로 진입 허용 법안을 발의했다"라고 기재하여 허위사실을 공표하였다는 혐의로 기소된 사안

판단

1심은 문제가 된 발의안에 대해 자동차전용도로를 고속도로라고 표현한 것은 허위사실에 해당하지만, 인터넷 포털사이트에 노출돼 있는 언론기사에 고속도로라고 표기된 것을 바탕으로 선거공보물을 제작한 점이 참작되고 피고인이 자동차전용도로와 고속도로의 차이점에 대해 명확히 인지하여 고속도로 부분의 허위성을 인식하고 있다고 보기 어렵고, 피고인도 문자메시지와 언론 인터뷰, SNS를 통해 충분히 해명한 것으로 보인다고 하여 무죄를 선고하였으나, 항소심 및 대법원은 피고인이 배포한 공개질의서에는 고속도로가 아닌 자동차전용도로라고 명시돼 있는 점 등을 볼 때 사전에 이를 인식하고도 허위사실을 공표한 것이라고 판단하고 이 사건 선거공보물이 선거운동에서 차지하는 역할이나 그 안에 적힌 표현을 보면 주된 목적은 상대방의 낙선이고 선거공보물의 특성에 비춰볼 때 죄질이 가볍지 않다며 피고인에게 공직선거법 위반죄 처벌전력이 있는 점까지 감안하여 당선무효형을 선고한 사례

Ⅲ. 종합분석

1. 당선목적 허위사실공표

공직선거법은 당선되거나 되게 할 목적으로 연설 · 방송 · 신문 · 통신 · 잡지 · 벽보 · 선전문서 기타의 방법으로 후보자(후보자가 되고자 하는 자 포함), 후보자의 배우자 또는 직계존 · 비속이나 형제자매의 출생지 · 가족관계 · 신분 · 직업 · 경력등 · 재산 · 행위 · 소속단체 · 특정인 또는 특정 단체로부터 지지 여부 등에 관한 허위의 사실을 공표하거나 공표하게 한 행위는 물론 허위의 사실을 게재한 선전문서를 배포할 목적으로 소지한 행위를 당선목적 허위사실공표죄로 처벌하고 있다.

제18대부터 제21대 국회의원선거에서 당선목적 허위사실공표죄로 기소된 사례는 허위경력, 허위학력, 허위 재산신고, 허위공적 등을 공표한 사건들이 주류를 이루고 있다.

(1) 허위경력 공표

허위경력을 공표하여 처벌된 사례로는, KT상무보로 근무하였음에도 홈페이지에 KT상무로 게재한 「KT 상무명칭 사용 및 KT사은품 제공 사건」, 1급 상당의 정책연구관이었음에도 명함에 '국회 정책연구위원(차관보급)'이라고 기재하고 배포한 「1급을 차관보급으로 게재한 사건」, 국회의원 비서로 근무하였음에도 '비서관'으로 근무한 것으로 의정보고서 등에 기재한 「국회의원 비서관 직함 사용 사건」, 당시 법무법인의 대표가 아니었음에도 선거공보와 명함에 대표명칭을 사용한 「법무법인 ○○대표 사건」, 당 분과 지회장에 불과하였음에도 선거사무소 외벽 현수막 등에 당 '소상공인회장'으로 기재한 「소상공인회장 명칭 사용 사건」, 경찰에 '실효형 미포함'을 기재된 범죄경력조회신청서을 제출하여 전과기록이 누락된 전과기록증명서를 제출한 「허위 전과기록 제출 사건」, 실형전과만 있고 사면 · 복권된 사실이 없음에도 "사면 · 복권을 받았다"는 성명서를 발표한 「사면 · 복권 성명서 사건」, 민노당 입당사실이 있음에도 방송사에 민노당 입당사실이 없다고 전화인터뷰한 「민노당 입당 사건」 등이 있다. 「KT 상무명칭 사용 및 KT사은품 제공 사건」을 제외하고 다른 허위경력 공표사건은 모두 당선유효형이 선고되었으나 「KT 상무명칭 사용 및 KT사은품 제공 사건」은 허위경력 공표 외에도 기부행위금지 위반죄가 병합되었기 때문에 당선무효형이 선고된 것으로 보인다. 이상의 사례에 비추어 보면 허위경력 공표 행위만으로 당선무효형이 선고되지는 않는 것으로 보이나 과거 동종전과가 있었거나, 여러 건의 허위경력을 공표한 행위를 하였다거나, 다른 공직선거법 위반죄와 병합되는 경우 당선무효형이 선고될 수 있음을 유의하여야 한다.

(2) 허위학력 공표

허위학력과 관련된 사건은 「하버드대학원 졸업 사건」, 「파리정치대학원 사건」, 「성일고 졸업 사건」 등이 있다. 「파리정치대학원 사건」에서 법원은 법 제64조 제1항에서 정하고 있는 정규학력에 준하는 외국의 교육과정에 대해 자세히 설명하고 있는 데, 문제가 된 '파리정치대학원'은 프랑스 교육법상 대학(Universite)이라는 명칭을 사용할 수 없고, 위 교육과정은 전·현직 정치지도자 등 전문직 경력자에게도 입학자격을 주고 있으며 교육기간, 과제, 담당교수의 선정 등 한국의 정규교육과정과 상당히 다르다는 이유로 위 외국의 교육과정 이수사실을 선거홍보물 등에 기재한 행위를 허위사실 공표로 보았다. 다만, 피고인이 위 외국의 교육과정을 게재한 행위에 대한 허위인식이 약하다고 보아 당선유효형을 선고하였다. 유일하게 허위학력 게재를 이유로 당선무효형이 선고한 사례는 「하버드대학원 졸업 사건」이다. 이 사안은 허위학력 게재와 당원집회제한규정 위반이 병합된 사건이었는데, 낙선된 2위 후보자와 유효 투표수의 차이가 342표에 불과하다는 점이 당선무효형 선고에 반영된 것으로 보인다. 「성일고 졸업 사건」은 검찰이 피고인이 성일고를 졸업하지 않았다는 사실에 대한 충분한 입증을 하지 못해 무죄가 선고된 사례이다.

(3) 허위 재산신고

다음으로 많이 등장하는 사례는 허위 재산신고 사안이다. 「차명재산 허위신고 사건」은 차명재산이 125억원에 이르는 등 다액인 점이 반영되어 당선무효형이 선고되었다. 「배우자 재산축소 신고 사건」은 배우자 재산의 일부가 축소신고된 사실은 인정되나 누락된 금액이 전체 재산에 비해 미미한 점을 근거로 피고인이 당선목적으로 축소신고한 것이라고 보지 않아 무죄가 선고되었다. 반면에 「재산축소 신고 사건1」과 「재산축소 신고 사건2」은 축소신고된 재산가액이 13억원, 7억 5,000만원에 이르는 등 다액인 점에서 재산을 축소신고한다는 피고인의 미필적 고의가 인정된 사례이다. 후보자가 32억원을 투자한 채권가치를 13억원으로 축소신고하였다고 하여 기소된 사안에서는 재판과정에서 위 채권가치에 대한 감정결과 13억원보다 적게 감정되어 무죄가 선고되기도 하였다. 허위재산 신고의 사례는 축소신고된 재산의 가액에 따라 유·무죄가 갈리는 경향이 있다. 축소신고된 재산의 가액이 전체 재산의 가액 대비 소액이거나 미미한 경우에는 축소신고된 사실, 즉 허위사실이 있다고 하여 곧바로 당선목적 허위사실공표죄가 성립되는 것은 아니다. 주관적인 구성요소인 당선목적이나, 허위사실을 공표한다는 고의가 부정되는 경우가 있을 수 있기 때문이다. 그러나 축소신고된 재산의 가액이 크거나 다액인 경우에는 이를 쉽게 부정하기 어려운 것으로 보인다. 다만, 재산축소 신고가 선거인의 후보자에 대한 평가 또는 선거의 지대한 영향을 미쳤다고 보이지 않은 한 당선무효형이 선고되지 않은 경향이 있다. 그런 점에서 「차명재산 허위신고 사건」은 그 축소신고된 재산 가액이 너무 커서 당선무효형을 선고된 이례적인 케이스라고 할 수 있다.

(4) 허위공적 공표

허위공적 공표 사건은 대부분 피고인이 지역 현안을 해결하였다는 취지의 허위사실을 공표한 사안들인데, 「소각장 해결 보도자료 사건」, 「중부내륙선 조기착공 약속 사건」, 「과림동 그린벨트 해제 사건」, 「구리시 그린벨트 해제 사건」, 「산단사업 예산확보 사건」, 「동부지법 존치 사건」, 「반 학생 수 사건」, 「제주 4·3 특별법 개정 요청 사건」등은 모두 당선유효형이 선고되었다. 「소각장 해결 보도자료 사건」, 「과림동 그린벨트 해제 사건」은 2위 득표자와 표차가 크다는 이유로, 「중부내륙선 조기착공 약속 사건」은 발언이 의도적이거나 악의적이지 않았다는 점을 들어, 「구리시 그린벨트 해제 사건」은 현수막이 비교적 전파성이 약하고, 총선 1년 전에 현수막이 걸렸다는 사정에서, 「동부지법 존치 사건」은 해당 발언 전·후 여론조사 결과에 큰 변화가 없었다는 정황에 비추어 총선결과에 영향이 미미했다는 이유로, 「반 학생 수 사건」은 관계기관에 최소한의 사실 확인을 거치려는 노력을 했다는 사실을 인정하여 당선유효형을 선고한 반면, 「울산고속도로 통행료 폐지 공약 사건」은 허위공적 공표행위 1건만으로 당선무효형을 선고한 이례적인 사안이다. 따라서 이 사건에서 법원이 피고인에게 당선무효형을 선고한 이유에 대한 숙지가 필요한데, 법원은 울산고속도로 통행료 폐지가 울산시민의 주요한 관심사였고, 피고인이 통행료 폐지 약속을 중요한 업적의 하나로 반복하여 보도하거나 선전한 점, 당해 선거에서 피고인의 당선을 낙관할 수 없었다는 점 및 위 공약으로 선거인에게 피고인을 힘 있는 국회의원으로 손쉽게 강조할 수 있었다는 점을 들어 당선무효형을 선고하였다. 이는 당선목적 허위사실공표죄의 양형기준 중 일반 가중요건 중 하나인 '허위사실이 후보자 평가에 관한 선거구민의 매우 중요한 판단 사항에 관계되는 경우'에 해당하여 당선무효형을 선고한 것으로 보이므로, 선거인의 후보자 평가에 주요한 판단요소가 되는 후보자의 주요 공약에 대해서는 이를 대외적으로 공표하기에 앞서 그 진위 여부에 대한 면밀한 확인을 거쳐야 할 것이다.

한편, 허위사실 공표행위와 관련하여 무죄가 선고된 사례로 지역구민인 책임당원 1명에게 여론조사 결과를 왜곡하여 알렸더라도 그 결과가 다수인에게 퍼졌다고 보기 어렵고, 지역구 내 삼성연구소 건립 결정이 피고인이 구청장으로 재직한 다음 이루어졌다고 하더라도 자신이 구청장으로 재직시 위 연구소를 유치하였다는 진술이 자신이 구청장으로 재직하면서 노력한 결과로 연구시설이 들어왔다는 뜻으로 볼 수 있다며 무죄를 선고한 「삼성전자 유치 사건」과 공보제작 담당자에게 허위의 표현을 기재하도록 지시하였거나 관여하였다고 인정할 만한 증거가 없다며 무죄를 선고한 「울산광역시 지방도 승격 사건」이 있다. 「울산광역시 지방도 승격 사건」과 「구리시 그린벨트 해제 사건」은 모두 의원 보좌진이 한 행위에 대해 의원이었던 피고인에게 그 죄책을 물을 수 있는지 여부가 쟁점이었는데, 전자는 피고인의 관여한 증거가 없다며 무죄가 선고된 반면 후자는 피고인이 관여하였다고 보인다며 당선유효형이 선고되었다. 일부 세세한 사실왜곡이 있다고 하더라도 전체적으로 볼 때 허위사실이 아니라고 보아 무죄를 선고한 사례로는 「한국매니페스토 공약이행평가 사건」이 있다.

2. 낙선목적 허위사실공표

공직선거법은 당선되지 못하게 할 목적으로 연설·방송·신문·통신·잡지·벽보·선전문서 기타의 방법으로 후보자(후보자가 되고자 하는 자 포함), 후보자의 배우자 또는 직계존·비속이나 형제자매에 관하여 허위의 사실을 공표하거나 공표하게 한 행위는 물론 허위의 사실을 게재한 선전문서를 배포할 목적으로 소지한 행위를 낙선목적 허위사실공표죄로 처벌하고 있다. 당선목적 허위사실공표죄와 달리 허위사실의 범위에 제한을 두고 있지 않다는 점에서 차이가 있다.

제18대부터 제21대 국회의원선거에서 낙선목적 허위사실공표죄로 기소된 대부분의 사례는 피고인의 발언 등이 문제된 사안이다. 방송토론 과정에서 상대후보에 대해 확인되지 않은 사실, 즉 상대후보가 북침설을 주장하여 징역살이를 하였다는 발언을 하여 당선무효형이 선고된 「북침설 주장 사건」도 있고, 선거운동 과정에서 선거인 등에게 다액의 금품을 제공하고도 상대후보 측이 이를 문제삼자 상대후보가 사건을 조작하였다는 내용의 기자회견을 하고 보도자료를 배포하여 징역형이 확정된 「금품제공 조작 주장 사건」이 있다. 상대후보가 자동차전용도로에 배기량 260cc 초과 대형 바이크의 통행을 허용하는 법안을 발의하였음에도 고속도로에 바이크의 진입을 허용하는 법안을 발의하였다는 허위사실을 공표하여 당선무효형이 선고된 「바이크 고속도로 허용 사건」은 1심에서는 무죄가 선고되었으나, 항소심 및 대법원은 피고인이 상대후보에 대한 질의서에 '자동차전용도로'임을 명기한 것에 비추어 피고인에게 허위에 대한 인식이 있었다고 인정하면서 죄질이 가볍지 않고 동종전과가 있다는 점을 이유로 당선무효형을 선고한 사례이다.

그 외 과반이 넘는 득표로 당선된 결과를 봤을 때 득표율 3위 후보에 대해 허위사실을 공표할 이유가 없다며 무죄를 선고한 「전과가 전국에서 두 번째 사건」과 피고인의 발언이 특정 사실에 대한 발언이 아니라 단순한 의견에 표명에 불과하고 구체적으로 특정 후보를 지칭한 것이라고 단정하기 어렵다며 무죄를 선고한 사례로는 「강남 백화점 사건」이 있다.

이상에서 살펴본 바와 같이 상대 후보자에 대한 악의적인 허위사실을 공표한 행위에 대해서는 무죄가 선고되지 않은 한 대부분 당선무효형을 선고되는 경향이 있다는 점에서 후보자들은 특히 유의하여야 한다.

참고 1 다른 선거에서의 허위사실 공표 사례

❶ 당선목적 허위사실 공표

- 당선목적 허위사실공표죄에서 규정한 '경력'은 후보자 등의 행동이나 사적(事蹟) 등과 같이 후보자 등의 실적과 능력으로 인식되어 선거인의 공정한 판단에 영향을 미치는 사항을 말하는 것인바, '○○ 대통령 후보 국민소통본부 빨간텐트 홍보본부장'으로 활동하였음에도 상위 직책인 '국민소통본부 본부장'으로 활동한 것처럼 기재한 것은 후보자가 대통령과 밀접한 관계가 있는 것으로 오신되기 충분하다며 허위사실공표죄를 인정한 사례(대법원 2015도13463)

- 재단법인 희망제작소가 후보들과 정책협약을 맺고 '희망후보'를 선정하였음에도 정책협약 없이 "희망제작소에서 인증받은 목민관 희망 후보"라는 취지의 기자회견을 한 것은 당선될 목적으로 후보자의 경력에 관하여 허위의 사실을 공표한 것이라고 한 사례(대법원 2015도8400)

- 피고인이 광주민주화운동과 직접 관련되지 않은 사건으로 폭력행위등처벌에관한법률 위반죄로 처벌받은 전력이 있음에도 자신의 책자형 선고공보물의 '최근 5년간 세금 납부·체납실적 및 전과기록' 항목 소명란에 "1980년 5월 광주민주화운동에 참여한 후, 귀향길에 불심검문으로 연행된 암울한 시대의 공권력 남용으로 만든 사건입니다"라고 기재한 사안에서, 위 소명 문구는 '5·18 광주민주화운동 참여를 이유로 처벌받았다'는 허위의 사실을 주장한 것이라기보다 '피고인이 처벌받은 것은 5·18 광주민주화운동이 있던 암울한 시대에 공권력 남용에서 비롯된 것이다'라는 의견을 표현한 것에 불과하다며 무죄를 선고한 사례(대법원 2015도3038)

- 후보자의 재산신고서에 법인 출자지분 1억원 상당을 누락한 사안에서 '서민으로 보이기 위해 축소신고하였다'는 동기를 수긍하기 어렵고, 재산 축소신고로 기대할 수 있는 이익은 분명하지 않은 반면 법위반으로 받게 되는 불이익은 매우 크고 실현 가능성도 높았다는 점에서 허위신고의 고의를 인정하기 어렵다며 무죄를 선고한 사례(대법원 2017도4491)

- 대통령과 정치활동을 같이 하거나 사진 촬영을 한 사실이 없음에도 대통령과 같이 촬영한 것처럼 컴퓨터 합성기법으로 편집한 사진을 선거공보물에 게재한 것을 허위사실 공표로 인정한 사례(대법원 99도1814)

• 조합원이 내부적으로 단체 명의로 특정 후보를 지지한다는 결의를 한 적이 없음에도 '○○ 양식어업인들은 수산업 발전을 위하여 특정 후보를 지지합니다. ○○양식어업인 일동'이라는 현수막을 게재한 사안에서 특정인 또는 특정 단체의 지지 여부에 관한 허위사실 공표를 인정한 사례(대법원 2015도8400)

• 지하철 7호선의 연장에 관하여 관련 광역지자체장 사이의 협약만 있었을 뿐 노선을 연장하기로 하는 결정이 이루어진 바 없음에도 피고인의 제안으로 연장이 결정되었다거나 연장결정을 이끌어 내는 데 성공하였고 선전한 사안에서 허위사실공표죄를 인정한 사례(대법원 2011도3722)

❷ 낙선목적 허위사실 공표

• 후보자가 인터넷 언론사와 전화인터뷰에서 "변호사가 본인의 자료를 확인한 후 A후보가 기소될 수도 있는 위중한 사안이라고 판단한 것 같다. 변호사는 A후보가 다칠 것으로 예상했던 것 같다. 1등하던 사람이 3등이 되거나 구속되는 상황까지 고려한 것 같다"고 발언한 것에 대해 간접적·우회적 표현 방식을 통해 상대 후보자에 대한 사회적 가치 내지 평가를 그르치게 할 가능성이 있을 정도의 구체성을 가진 사실의 공표라며 허위사실공표에 해당한다고 한 사례(대법원 2008도11847)

• 대통령 후보의 아들이 병역면제를 받았다는 것은 비리라는 취지로 "179센티미터 45킬로그램 인간미이라"라는 제목의 책자를 출간하고, ○○신문에 179cm의 키에 49kg의 몸무게는 불가능하므로 이 조건으로 병역면제를 받았다는 것은 비리라는 취지로 광고물을 게재한 사안에서 이는 대통령 후보가 대통령으로서의 자질이 부족하다는 의견을 피력한 것에 그친 것이 아니라, 위와 같은 신체조건을 가진 인간이 의학적으로 불가능하다는 사실, 이와 같은 신체조건으로 병역면제를 받았으므로 병역비리에 해당한다는 사실 및 대통령 후보가 아들의 병역면제에 관하여 거짓말하고 있다는 사실을 적시한 것으로 보아 허위사실공표를 인정한 사례(대법원 2004도2062)

• 방송공개 합동토론에서는 후보자 사이에서 주장과 반론, 질의와 대답에 의한 공방이 즉흥적·계속적으로 이루어지므로 표현의 명확성에는 한계가 있을 수밖에 없고, 다른 후보자가 즉시 반론이나 답변을 통하여 자신의 입장을 밝힐 기회가 주어지는 특성상 후보자가 선거인의 정확한 판단을 그르치게 할 수 있을 정도로 다른 후보자의 견해나 발언을 의도적으로 왜곡한 것이 아니라면 진실에 반하는 인식을 가지고 행하는 허위사실 적시행위로 평가할 수 없

으며 민주주의 정치제도하에서 언론의 자유는 가장 기초적인 기본권으로 선거과정에서도 충분히 보장되어야 한다면서 방송공개 합동토론회에서 상대 후보에 대해 '뇌물을 받아 상당한 벌금형을 받았다'는 부분에 대해 피고인이 허위성을 인식하고 있었다는 점을 인정하기 부족하다고 하여 무죄를 선고한 사례(대법원 2008도10073)

- 선거후보자가 그와 경쟁관계에 있는 다른 후보자가 정당한 사유로 종합소득세를 납부하지 않았을 뿐이고 근로소득세는 납부한 사실을 알면서도 그가 소득세를 납부하지 않았다는 취지의 연설을 하면서 그 세금이 종합소득세라고 특정하지 아니한 것은 허위사실공표죄에 해당한다고 한 사례(대법원 2002도39)

참고 2 허용 · 금지 사례(중앙선거관리위원회 선거연수원)

ⓞ 허용사례

- 공개장소 연설, 대담장소에서 연설 중 후보자의 비정규학력이 정규학력으로 오인되지 않도록 사실대로 공표하는 행위

☒ 금지사례

- 고등학교졸업학력고사시험에 합격한 후보자가 선거공보 및 선거벽보의 학력란에 수학기간을 기재하지 아니한 채 '○○고등학교 중퇴(고졸검정고시 취득)'라고만 기재한 행위(대법원 2015. 6. 11. 선고 2015도3207)
- 후보자의 명함 및 선거공보의 '경력' 또는 '약력'란에 비정규학력을 게재한 행위(대법원 2007. 2. 23. 선고 2006도8098)
- A의원이 '한 · 미 FTA'에 찬성입장을 표시한 적이 없음에도 불특정 다수의 사람들에게 'A의원이 한 · 미 FTA에 대하여 찬성하였다'는 내용의 연설 · 대담한 행위(대법원 2009. 4. 23. 선고 2009도1423)
- 선거법 위반으로 징역 1년, 집행유예 2년을 선고받아 확정된 전과가 있는 후보자가 선거공보 2면의 후보자정보공개자료의 '후보자전과기록란'에 '해당 없음'이라고 게재한 행위(서울고등법원 2011. 2. 18. 선고 2009노3676)
- 거리연설을 하면서 상대 후보자의 민 · 형사상 재판이 진행 중인 사건이 없음에도 도덕적 · 윤리적인 문제로 재판을 받고 있다는 취지의 표현을 여러 번 반복하여 발언한 행위(대법원 2011. 3. 24. 선고 2011도1078)

- 후보자 명함에 '○○시펜싱협회 발기인 회장'으로서 ○○시펜싱협회 결성을 추진하다가 중단하였을 뿐임에도 '○○펜싱협회 회장(전)'이라고 기재함은 물론 시간강사를 '외래교수'로 표기한 행위(대법원 2014. 12. 30. 선고 2014도15530)
- 후보자가 뇌물수수 혐의로 기소되었으나 무죄판결을 선고받았음에도 실제로 뇌물을 수수하였음이 분명하다고 발언한 행위(대법원 2015. 8. 13. 선고 2015도7172)
- '○○재단의 경남지역위원회 운영위원'인 자가 현수막·명함 등에 '○○재단 운영위원'이라고만 기재한 행위(대법원 2016. 9. 28. 선고 2016도267)
- 다른 후보자가 정당한 사유로 종합소득세를 납부하지 않았을 뿐, 근로소득세는 납부한 사실을 알고 있었음에도 그가 소득세를 납부하지 않았다는 취지의 연설을 하면서 그 세금이 종합소득세라고 특정하지 않은 행위(대법원 2002. 5. 24. 선고 2002도36)
- 선거공보 제출 당시 최근 5년간 세금체납액은 금 44,231,000원이고 직계존속의 세금체납액은 금 1,271,000원임에도 후보자 정보공개자료의 '체납액누계'란을 공란으로 작성한 행위(대법원 2007. 6. 14. 선고 2006도2713)
- 2014. 5. 13. 특정 정당을 탈당하였으나, 2014. 5. 7. ~ 5. 9.까지 선거구민 거주자들의 우편함에 후보자의 이름 및 '무소속'이 기재된 명함을 투입한 행위(대법원 2015. 3. 27. 선고 2015도2426)
- 초등학교 졸업임에도 페이스북에 '○○고등학교, ○○대학교 입학'이라고 기재한 행위(대법원 2015. 4. 9. 선고 2015도2429)
- 선거사무원의 업무 미숙으로 인하여 선거공보에 후보자의 전과가 누락되었을 가능성이 있다고 하더라도, 선거공보에 '전과 없음'이라고 기재한 행위(대법원 2015. 8. 19. 선고 2015도8759)

Chapter 03

기부행위 금지 · 제한 위반죄

I. 개 요

공직선거법은 선거가 후보자의 인물 · 식견 및 정책 등을 평가받는 기회가 되기보다 후보자의 자금력을 겨루는 과정으로 타락할 위험성을 방지하기 위해 기부행위 금지 · 제한 규정을 두고 있다. 법은 기부행위와 관련하여 그 정의 규정(법 제112조 제1항)과 기부행위가 되지 않는 행위에 관한 규정(법 제112조 제2항)을 두는 한편, 금전 · 물품 기타 재산상 이익의 제공행위 또는 그 의사표시나 약속하는 일체의 행위를 기부행위로 포섭하되 당해 선거구 안에 있는 사람이나 기관 등 단체와 모임 그리고 당해 선거구 밖에 있더라도 선거구민과 연고가 있는 사람이나 기관 등 단체로 그 대상을 한정하여 선거관련성을 확보하고자 하였다.

한편, 법은 기부행위 금지 · 제한 위반죄를 후보자 등의 기부행위 금지규정위반(법 제113조), 정당 및 후보자 가족 등의 기부행위 제한규정 위반(법 제114조), 제3자의 기부행위 제한규정 위반(법 제115조), 대담 · 토론회 주최자 등에 대한 기부행위 금지규정 위반(제81조 제6항, 제82조 제4항), 기부의 지시 · 권유 · 알선 · 요구 및 수령 금지규정 위반(법 제257조 제2항, 제3항)으로 나누어 규율하고 있다.

아래에서는 기부행위의 정의와 기부행위가 되지 않은 행위에 대한 규정과 함께 그간의 선거에서 당선인에 대해 적용되었던 후보자 등의 기부행위와 정당 및 후보자 가족 등의 기부행위 제한규정 관련 사례를 다루기로 한다.

1. 공직자선거법 규정 분설

(1) 기부행위(법 제112조 제1항) 및 기부행위로 보지 않는 행위(법 제112조 제2항)

(가) 기부행위

- 객체 : 당해 선거구 안에 있는 자나 기관·단체·시설 및 선거구민의 모임이나 행사 또는 당해 선거구의 밖에 있더라도 그 선거구민과 연고가 있는 자나 기관·단체·시설
- 행위 : 금전·물품 기타 재산상 이익의 제공, 이익제공의 의사표시 또는 그 제공을 약속하는 행위

(나) 기부행위로 보지 않는 행위

- 통상적인 정당활동과 관련된 행위(1호)
- 의례적 행위(2호)
- 구호적·자선적 행위(3호)
- 직무상 행위(4호)
- 위 행위 외에 법령의 규정에 근거하여 금품 등을 찬조·출연 또는 제공하는 행위(5호)
- 그 밖에 위의 어느 하나에 준하는 행위로서 중앙선거관리위원회규칙으로 정하는 행위(6호)

(2) 후보자 등의 기부행위 금지규정위반죄(법 제113조)

- 주체 : 국회의원·지방의회의원·지방자치단체의 장·정당의 대표자·후보자(후보자가 되고자 하는 자를 포함)와 그 배우자
- 객체 : 당해 선거구 안에 있는 자나 기관·단체·시설 또는 당해 선거구의 밖에 있더라도 그 선거구민과 연고가 있는 자나 기관·단체·시설
- 행위 : 기부행위(결혼식에서의 주례행위를 포함)(1항)
  기부행위를 약속·지시·권유·알선 또는 요구(2항)
- 처벌 : 5년 이하의 징역 또는 1,000만원 이하의 벌금(법 제257조 제1항 제1호)

(3) 정당 및 후보자 가족 등의 기부행위 제한규정위반죄(법 제114조)

- 주체 : 정당, 정당선거사무소의 소장, 후보자(후보자가 되고자 하는 자를 포함)나 그 배우자의 직계존·비속과 형제자매, 후보자의 직계비속 및 형제자매의 배우자, 선거사무장, 선거연락소장, 선거사무원, 회계책임자, 연설원, 대담·토론자나 후보자 또는 그 가족과 관계있는 회사 그 밖의 법인·단체 또는 그 임·직원
- 객체 : 당해 선거구 안에 있는 자나 기관·단체·시설 또는 당해 선거구의 밖에 있더라도 그 선거구민과 연고가 있는 자나 기관·단체·시설
- 행위 : 선거기간 전에는 당해 선거에 관하여, 선거기간에는 당해 선거에 관한 여부를 불문하고 후보자 또는 소속 정당을 위한 일체의 기부행위
- 처벌 : 5년 이하의 징역 또는 1,000만원 이하의 벌금(법 제257조 제1항 제1호)

2. 기부행위 금지·제한위반죄 양형기준(대법원 양형위원회 공표)

(1) 형종 및 형량의 기준

구분	감경	기준	가중
기부행위	50만원 ~ 300만원	~ 10월, 100만원 ~ 500만원	8월 ~ 2년

<table>
<tr><th colspan="2">구분</th><th>감경요소</th><th>가중요소</th></tr>
<tr><td rowspan="2">특별
양형인자</td><td>행위</td><td>· 공직선거법 제112조 제2항 이외의 관례적·의례적 행위
· 사실상 압력 등에 의한 소극적 범행 가담
· 제공된 금품이나 이익이 극히 경미한 경우
· 상대방의 적극적 요구에 수동적으로 응한 경우
· 의사표시·약속에 그친 경우</td><td>· 선거일에 임박한 경우
· 제공된 금품이나 이익이 다액인 경우
· 계획적·조직적 범행
· 후보자, 후보자의 배우자나 직계존·비속, 선거관계인의 범행
· 불특정 또는 다수의 상대방을 대상으로 하거나 상당한 기간에 걸쳐 반복적으로 범행한 경우
· 피지휘자에 대한 교사</td></tr>
<tr><td>행위자
/기타</td><td>· 농아자
· 자수 또는 내부비리 고발</td><td>· 동종 전과(벌금형 포함)</td></tr>
</table>

일반 양형인자	행위	· 소극 가담 · 우연한 기회에 친분관계 등에 기한 범행	· 사회적 지위나 영향력을 이용하여 범행한 경우(피지휘자에 대한 교사가 적용되는 경우는 제외) · 선거관리위원회로부터 경고 등을 받고도 범행한 경우
	행위자 /기타	· 진지한 반성 · 형사처벌 전력 없음 · 자진 사퇴, 불출마	· 범행 후 도피하거나 증거은폐 또는 은폐 시도 · 이종 누범

Ⅱ. 기부행위 금지 · 제한 위반 사례

제18대 ~ 제21대 국회의원선거에서 당선인에 대한 기부행위 금지위반죄로 총 19건이 기소되었다. 각 선거별 기부행위 금지위반죄로 기소된 건수는 제18대 3건에서 제19대는 9건으로 늘었다가 제20대에 5건, 제21대 2건으로 다시 줄었다. 제18대 총선에서는 3건(1건은 다른 선거범죄와 병합) 모두 당선무효형이 선고되었으며, 제19대에서는 6건(3건은 다른 선거범죄와 병합)이 당선무효형, 3건이 당선유효형이 각 선고되었다. 제20대 총선에서는 당선무효형 2건(2건 모두 다른 선거범죄와 병합), 당선유효형 1건, 무죄 2건이 선고되었고, 제21대는 당선무효형과 당선유효형이 각각 1건씩 선고되었다.

[기부행위 금지위반 재판 결과]

선거	당선무효	당선유효	무죄	합계
제18대 총선	3건			3건
제19대 총선	6건	3건		9건
제20대 총선	2건	1건	2건	5건
제21대 총선	1건	1건		2건
합계	12건	5건	2건	19건

1. 18대 국회의원선거

(1) 당선무효형

[돼지식당 사건] 벌금 500만원 확정

· 후보자의 운전기사가 식사비 및 노래방비를 지급하여 당선무효형이 확정된 사건

사안

이 사안은 후보자의 운전기사가 식사비 및 노래방비 등을 지급한 사실과 관련하여 관계자들이 모두 후보자와 상관없는 일이라고 진술하였으나 이를 후보자의 기부행위로 의율한 사례로 해당 사실관계 및 법원의 판단에 시사점이 많다. 2008. 1. 14. 식사비의 실질적인 부담자 피고인은 2008. 1. 14. '○○돼지'식당에서 평소 친분이 있던 지역신문 기자들과 저녁식사 모임을 하던 중, 같은 해 1월 초경 선거사무실에서 우연히 만나 안면이 있던 A 일행과 합석하여 건배 제의를 하는 등 술을 마신 후, 피고인의 운전기사인 B가 하얀봉투에 현금 32만원을 꺼내서 술값을 계산하였음(피고인은 당시 A로부터 A 일행의 전화번호를 받아 다음날 안부전화를 함).

이어 A가 운영하는 노래방에 가서 양주 4병과 맥주 3박스를 마시고, 종업원 C가 판매일지에 맥주 3BOX 300,000원, 양주 4병 480,000원, 현금 500,000원(-290,000원)으로 각 기재(위 A는 선관위의 조사가 시작되자 판매일지 중 2008. 1. 14. 자 부분만을 뜯어서 집에다 숨겨 놓았다가 검찰의 압수수색 과정에서 위 판매일지가 발견됨)하였고, 2008. 2. 1. 위 A는 자신이 다니고 있던 고려녹주헬스클럽 회원으로서 친분이 있는 D에게 회원들을 데리고 오면 식사를 대접하겠다고 말하자, 이에 D는 위 헬스클럽 회원 5명과 함께 식당에 가게 되었는데, 위 A는 이를 E에게 알려주어 피고인과 함께 이 식사모임에 참석하도록 하였고, 피고인이 인사를 한 뒤 함께 합석하여 말고기 육사시미 등으로 식사를 하여 당일 식사비 201,000원을 누구도 식사비를 계산하지 않은 채 식당을 떠났고, 이에 식당 주인이 2008. 2. 25.경 피고인 B에게 전화와 휴대폰 메시지로 식사비 지급을 요구하였으며, 피고인 E는 피고인 B로부터 식사비를 지급을 요구받았다는 말을 듣고 김○○의 조카사위를 통해 식사를 지급하였다고 하여 기부행위금지 위반혐의로 기소된 사안

쟁점

사건관계자들이 모두 당선인이 식사비나 노래방비를 부담하지 않았다고 다투었다.

피고인 : 2008. 1. 14. 이 사건 식당에서 참석자 몇 명에게 아무런 직함도 없이 이름과 휴대폰 번호만 기재된 명함을 주면서 "무주군수를 하던 김○○입니다. 좋은 시간 되십시오"라는 말만 하였을 뿐 지지를 부탁한다는 등 선거와 관련한 어떠한 발언도 한 사실이 없어 사전선거운동에 해당할 수 없으며, 이 사건 식당에서 친분이 있던 전북일보 기자들과 식사를 같이 하였고 그 후 피고인 A가 운영하는 이 사건 노래방에 조금 있다가 집으로 돌아갔던 것이 전부이며, 자신의 돈으로 식사비나 노래방에서 술값을 지급하거나 다른 사람을 시켜서 이를 지급하도록 한 사실이 없다. 다만, 함께 식당에 갔던 운전기사 B가 피고인 모르게 식사비를 지불하였고, 전북일보 기자들과 이 사건 노래방에 가게 된 것은 A가 기자들에게 자신의 노래방을 홍보하고, 향후 고객확보 차원에서 술을 한잔 사겠다고 제안한 데 따른 것으로 피고인은 노래방에서 술값을 지급한 사실이 없다.

A : 2008. 1. 14. 이 사건 식당에서 먹자계모임을 하였는데, 먼저 있던 피고인이 A 일행들에게 '무주군수를 하였던 김○○입니다'라고 인사를 하였고, A는 혹시 나중에 피고인에게 도움이 될까 하여 일행들로 하여금 메모지에 이름과 전화번호를 적게 한 뒤 피고인에게 건네주었을 뿐, 피고인과 공모하여 사전선거운동을 한 사실이 없으며, 2008. 1. 14. 먹자계모임의 식사비를 자신이 부담할 생각이었는데, 이미 B가 지급하였다고 하여 이를 계산하지 못한 것이고, 위와 같이 자신들 일행의 식사비를 B가 부담하여 미안한 마음도 있고, 자신이 운영한 이 사건 노래방을 홍보할 생각으로 이 사건 노래방에서 한 잔 사겠다고 먼저 제안하여 술과 안주를 제공한 것일 뿐, 피고인과 공모하여 피고인을 위하여 기부행위를 하거나 기자들에게 향응을 제공한 사실이 없으며, 2008. 2. 1. 헬스클럽 회원들에게 저녁을 사기로 한 것인데 그 자리에 초등학교 동창인 E를 초대하였는데, E가 피고인과 함께와서 식사를 한 것일 뿐, 피고인을 위하여 기부행위를 한 사실이 없다.

B : 2008. 1. 14. 이 사건 식당에서의 모임은 전북일보 기자들이 피고인에게 사과의 의미로 마련한 자리여서 전북일보 기자들이 식사비를 부담하기로 하였던 사정을 알지 못하였고, 전북일보 기자들과의 개인적인 친분, 정치인이 기자들과 식사를 하는 경우 정치인이 식사비를 지불하는 관행, 그리고 피고인이 국회의원에 당선될 경우 향후 보상을 받을 수 있다는 기대 등으로 피고인의 의사와 무관하게 자신의 돈으로 식사비를 지불한 것이지, 피고인을 위하여 기부행위를 하거나 기자들에게 향응을 제공할 의사로 식사비를 지급한 것이 아니다.

E : 2008. 2. 1. 이 사건 식당에 있었던 모임은 A의 친목모임이었고, A가 위와 같이 모임이 있는 기회에 피고인을 소개할 생각으로 연락을 하여 피고인과 함께 위 모임에 참석하였던 것이나 위 모임의 성격상 그 식사비는 A나 그 일행이 지불하여야 하는데도, A가 피고인이 지불할 것으로 생각하고 그 지급을 회피하여 이 사건 식당주인이 B에게 식사비 지급을 독촉하였고, E는 A와 초등학교 동창관계로 마지못해 김○○의 조카사위을 통해 식사비를 지급하였던 것 뿐, 피고인을 위하여 기부행위를 한다는 인식을 가지고 식사비를 지급한 사실이 없다

판단

그러나 법원은 아래와 같은 사실을 인정하여 실질적으로 식사비 등을 당선인이 부담한 것이라고 판단하였다.

• 2008. 1. 14. 식사비의 실질적인 부담자

① B는 아무런 보수도 받지 않고 피고인을 위하여 운전, 선거사무실 심부름 등 잡일을 하고 있었고, 당시 신용불량자로 등재되어 있었으며, 별다른 수입도 없었는데, 피고인으로부터 아무런 보수도 받지 않고, 별다른 수입도 없이 경제적으로 어려운 처지에서 있던 B가 32만원이라는 적지 않은 식사비를 자신의 돈으로 부담할 이유가 없다는 점

② 노래방 점원 F의 진술에 의하면, 당시 B는 하얀색 봉투에서 현금 32만원을 꺼내어 식사비로 지급하였다는 것인데, 이런 점에 비추어 B가 사전에 식사비로 지급할 돈을 별도로 준비하고 있었던 것으로 보인다는 점

③ B가 피고인으로부터 장차 어떤 보상을 받을 기대 하에 위와 같이 식사비를 지급한 것이라면, 자신이 식사비를 지불한 사실을 피고인에게 알려 주었어야 하

는데, B 스스로 선관위 조사가 시작될 때까지 피고인에게 위와 같은 사실을 알려 준 적이 없다고 진술하고 피고인도 역시 B로부터 위와 같은 말을 들은 적이 없다고 진술하고 있는 점

• 이 사건 노래방 술값의 실질적인 부담자

① 이 사건 노래방은 그 매출규모가 영세한 업체로 A가 당일 제공한 술값 79만원은 평상시의 이 사건 노래방 매출액과 비교할 때 상당이 다액인 점
② 2008. 1. 14.자 판매일지에 당일 제공한 술의 종류, 수량과 가격이 구체적으로 기재되어 있고, 판매일지에 기재된 술값 79만원은 A가 그 무렵 노래방에서 판매하던 양주와 맥주의 가격을 거의 정확하게 반영하고 있는 점
③ A는 2008. 1. 14.자 판매일지에 위 술값 79만원을 '현금 500,000(-290,000)'으로 기재하여 놓았는데, 이는 술값 79만원 중 50만원은 현금으로 지급받았고 나머지 29만원을 지급받지 못하였다는 취지로 해석하는 것이 언어의 표현상 합당한 점
④ A가 G 등의 제보로 선관위의 조사가 시작되자, 2008. 1. 14.자 판매일지만을 뜯어서 집에 숨겨 놓았던 점
⑤ A는 위 기자들을 이 사건 당일 처음 만나게 된 것인데, 위와 같이 영세한 노래방의 홍보를 위하여 처음 만나 기자들에게까지 79만원에 달하는 술을 무상으로 제공하였다고 보기 어렵다는 점

• 2008. 2. 1. 식사비의 실질적인 부담자

A는 2008. 2. 1. 헬스클럽 회원들에게 식사를 대접할 생각으로 H 등을 이 사건 식당으로 불렀고, 식사모임이 있던 곳에 E를 오게 한 것일 뿐이라고 주장하나, 피고인과 E가 참석하였기 때문에 식사비를 계산할 것으로 생각하고 식사비를 지불하지 않았다고 진술하였고, 그 후 식사비를 지급하려고 한 사실 자체가 전혀 없다는 점, A는 당시 식사모임에 참석하였던 헬스클럽 측 사람들 중 H와 친분관계가 있었을 뿐, 나머지 사람들과는 별다른 친분관계가 없었던 관계로 위 사람들에게 식사를 대접할 만한 이유가 없는 점에서 A의 주장은 믿기 어렵고, E의 주장과 같이, A가 위 식사비를 부담하는 것으로 생각하였다면, E로서는 식당주인이 B에게 식사비 지급을 독촉하는 것을 알게 되었을 당시 A에게 이를 알려주어 A로 하여금 식사비를 지급하도록 조치하였으면 그만인데, 오히려 B

가 식사비 지급을 독촉받았다는 사실을 알고서 자신의 돈으로 김○○의 조카사위를 통해 식사비를 지급하였을 뿐만 아니라, A에게 이러한 사실을 알리지 아니하였다는 점에 비추어 E가 실질적으로 식사비를 부담한 것으로 보아야 한다고 판단하는 한편, 2008. 1. 14. 이 사건 식당 및 노래방 모임의 성격과 관련해서 법원은, 피고인이 장소를 변경하여 이 사건 식당에 갔었던 점, 그 전에도 A에게 사람을 소개시켜 달라고 부탁을 하였던 점, 그리고 피고인이 식사 도중 여자들이 앉아 있었던 테이블에 가서 무주군수를 하였던 사람이라고 자신을 소개하고 명함을 나눠 주기까지 하였던 점에 비추어 피고인은 국회의원 출마를 앞두고 있던 상태에서 A가 주선하여 만들어 놓은 식사모임에 참석하여 자신을 소개할 목적으로 이 사건 식당에 가게 된 것으로 봄이 상당하고, 먹자계 회원도 아니고, 전혀 알지도 못하는 김○○(제보자) 등에게도 이 사건 식당에 오라고 연락을 한 점을 고려하면, A는 국회의원 출마를 결정한 피고인에게 자신이 알고 있는 사람들을 인사시킬 목적으로 위와 같이 위 사람들을 이 사건 식당에 모이게 한 것으로 봄이 상당하다고 보아 기부행위제한 위반죄를 인정하고 당선무효형을 선고한 사례

시사점

이 사건은 후보자가 모임에 참석한 사람들을 위해 직접 식사비 또는 노래방 술값을 지급하지 않았음에도 법원이 모임의 성격상 후보자를 인사시키기 위한 모임으로 판단하고, 위 비용을 모두 선거운동과 관련된 비용으로 인정하여 그 비용을 지급한 행위를 모두 후보자의 또는 후보자를 위한 기부행위로 의율하였다

[금품제공 조작 주장 사건] 징역 1년 6월 확정

· 선거운동과 관련하여 4,000만원을 금품을 제공하고도 상대후보가 이를 문제삼자 상대후보측이 이 사건을 조작했다며 기자회견한 사건

사안

피고인이 2008. 4. 9. 실시된 제18대 국회의원 선거에서 A 등과 공모하여 경주시 지역 후보자로 출마한 피고인의 선거운동과 관련하여 B 등 9명에게 4,000만원을 제공(기부행위)하였다는 혐의로 기소된 사안

판단

이 사건 금품살포 경위에 대해서는 C가 피고인으로부터 돈을 받은 정황이 검찰조서에 상세히 나오는데 C는 검찰에서 “2008. 3. 27. 20:30경까지 선거사무소에 통상적인 볼일을 보다가 21:00 제 휴대전화로 후보자의 휴대전화에 전화를 하여 ‘어디에 계십니까, 드릴 말씀이 있습니다’라고 하니까 후보자가 ○○○○마을 아파트 부근에 있다고 하기에 ‘제가 아파트로 가겠습니다’라고 하니까 후보자가 첫째 동 우측 끝에 있는 주차장으로 오라고 하길래 저의 승용차를 운전하여 그 장소로 갔더니 평소 후보자가 타고 다니는 승용차가 주차되어 있어서 제 승용차 트렁크에 실려 있던 돈 가방을 꺼내 들고는 후보자의 차량 뒷좌석에 탔습니다. 차 안에서 제가 후보자에게 ‘정실장이 가져온 돈인데 얼마인지는 잘 모르겠습니다’라고 하면서 가방을 뒷좌석에 놓으니까 후보자가 말하기를 ‘선거운동을 하다 보면 평소에 일을 열심히 하는 사람들은 별로 불만이 없는데 일도 안 하는 사람들이 커피값이 없니, 기름값이 없니 하면서 불만이 많다’고 하길래 저도 ‘그말이 맞습니다’라고 하였고, 그러자 후보자가 다시 말하기를 ‘나는 굳이 돈을 써서 당선되고 싶은 마음은 별로 없다. 가급적 사용 안했으면 좋겠다. 자네는 어떻게 생각을 하노’라고 하길래 제가 ‘저도 돈을 사용 안했으면 좋겠습니다’라고 하면서 후보자에게 ‘그래도 혹시 모르니까 저한테 주실 수가 있으면 제가 돈을 좀 가지고 있었으면 좋겠습니다. 한 6,000~7,000만원 정도면 되겠습니다’라고 하였더니 후보자가 ‘알았다. 네가 가지고 있어라’ 하길래 제가 다시 후보자에게 ‘될 수 있으면 안 쓰고 돌려 드리겠습니다’라고 한 다음에 제가 돈가방을 열어서 7,000만원을 꺼내고 나머지 돈은 후보자의 차에 그대로 두고 꺼낸 7,000만원은 C가 가져온 그 가방에 다시 담아서 제 차에 실고 돌아왔습니다”라고 진술하는 등 구체적인 진술이 있어 기부행위 제한위반죄를 인정하고 당선무효형을 선고한 사례

[강원랜드 객실요금 할인 사건] 벌금 300만원 확정

· 강원랜드 감사로 근무하였던 피고인이 강원랜드 콘도 이용요금 등을 할인하여 준 사건

사안

강원랜드 감사로 근무하던 피고인이 부하직원인 A 등을 통해 2007. 12.경 고교 동문 및 지역단체 회원 등에게 8차례에 걸쳐 임직원 할인 또는 연회장 무료, 객실 업그레이드 등의 방법으로 강원랜드 콘도 및 연회장 이용요금의 할인 또는 면제라는 재산상 이익을 제공하는 등 기부행위를 하였다는 혐의로 기소된 사안

쟁점 및 판단

이 사건의 쟁점 중 하나는 2008. 4. 9. 국회의원 선거일로부터 4개월여 전에 행하여진 위 기부행위 당시 피고인에게 후보자가 되고자 하는 자의 지위에 있었는지 여부인데, 법원은 피고인이 3차례 국회의원에 역임한 사실, 피고인이 구성한 사조직이 2017년도에 지속적으로 피고인을 위해 활동한 사실, 위 사조직 사무국장이 선거관리위원회에 선거법 저촉 여부를 질의한 사실, 지역신문들이 2006년 12월부터 피고인의 출마를 예상하는 기사를 게재한 사실, 피고인 자신도 2006년 12월 공약사항과 관련된 기고문을 지역신문에 게재한 사실 등을 인정하여 당시 피고인은 후보자가 되고자 하는 자에 해당한다고 판단하고 당선무효형을 선고하였다

2. 19대 국회의원선거

(1) 당선무효형

[출판기념회 자서전 제공 사건] 벌금 700만원 확정

· 출판기념회 개최 후 자신의 자서전을 무상으로 교부하고 식사 제공한 사건

사안

피고인이 2011. 11. 8. 수 백명이 모인 '나의 길, 도전과 극복 그리고 희망'이라는 제목의 자신의 자서전 출판기념회를 부여청소년수련원에서 가진 후 A 또는

B 등이 마련하여 준 선거권자들과의 식사모임에 참석하여 자신의 자서전을 무상으로 배부하고, 식사를 제공하는 등의 기부행위를 하였다는 혐의로 기소된 사안

판단

식사비 계산과 자서전 교부는 후보자 본인이 아닌 수행 조직원이 실행하였으나 후보자도 알았거나 충분히 인식하였던 것으로 판단하고 병합된 사조직결성 및 사전선거운동죄를 유죄로 인정하여 당선무효형을 선고한 사례

[젓갈 선물세트 사건] 징역 10개월, 집행유예 2년 확정

· 선거구의 기자 및 선거구민과 연고가 있는 지역 언론기관 기자에게 젓갈을 선물한 사건

사안

2012. 1. 16. 부산 부산진구 양정동 양정○○아파트에서 국제신문의 기자인 A에게 택배를 도달하게 하는 방법으로 시가 73,150원 상당의 젓갈 선물세트를 제공한 것을 비롯하여 선거구민과 연고가 있는 부산지역 언론기관에 근무하는 정치부 또는 정치담당 기자 6명에게 합계 438,900원 상당의 젓갈 선물세트를 제공하고 2012. 2. 22. 위 선거사무소에서, B로부터 '과거 ○○당에서 활동한 경력이 있는 C, D, E 등을 통해 그 사람들이 가지고 있는 조직으로 지지선언을 하는 것을 추진하고 있는데, 사람들을 모아 지지선언을 논의하는 식사모임의 비용이 필요하다'는 취지의 보고를 받은 다음, B에게 피고인을 소개해 주면서 '비용은 피고인으로부터 받으라'는 취지로 말하고, B로부터 '식사모임의 비용으로 3,000,000원 정도가 필요하다'는 취지의 말을 듣고 나서 그 비용 명목으로 1,500,000원을 지급하여 사전선거운동 및 기부행위를 하였다는 혐의로 기소된 사안

판단

젓갈을 선물받은 기자들 중 일부는 부산 R 선거구민과 일정한 혈연적·인간적 관계를 가지고 있음이 인정되지 않는 한, 이들이 부산지역 언론사의 정치부 또는 정치담당 기자라는 사정만으로 공직선거법 제113조 제1항에서 말하는 '선거구민과 연고가 있는 자'에 해당한다고 할 수는 없다면서 이 부분은 무죄로 선고

하였으나, 나머지 부분은 모두 유죄로 인정한 후 명절에 통상적·의례적인 선물로 젓갈 선물세트 17개를 보낸 것이고, 선거구민과 연고가 있는 자에게 기부행위를 한다는 인식이나 위법성의 인식도 없었다는 피고인의 주장을 배척하고 당선무효형을 선고한 사례

[개인회사 비자금 선거운동 사용 사건] 징역 1년, 집행유예 2년, 벌금 700만원

· 총선을 앞두고 자신이 운영하는 건설사에서 비자금을 조성해 선거운동 자금으로 사용한 사건

사안

2012년 총선 직전 피고인의 아들 명의로 담보대출받은 7,300만원을 선거운동자금 명목으로 선거캠프 자금관리자인 T 명의의 계좌로 입금하고, T는 그 돈을 인출하여 선거홍보용 현수막제작비, 선거홍보용 명함제작비, 선거사무소 비품, 자원봉사자에 대한 경비, 식비, 수당, 선거사무관계자 수당 등으로 사용하였으며, 유권자 등 60여명에게 축의금 명목으로 560만원을 기부하는 한편, 자신이 운영하는 건설회사(1인 회사) 자금으로 한나라당 전 대표의 운전기사에게 매월 250만원을 주는 등 회삿돈 7,250만원을 업무상횡령하였다는 혐의로 기소된 사안

판단

1심은 이 의원에게 징역 1년 6월의 실형을 선고하였으나 2심은 유죄로 인정된 금액 가운데 일부가 실제 선거비용으로 쓰였고 일부는 반환된 점, 3,300만원은 사용하지 않은 점 등을 참작하여 집행유예로 감형한 사례

시사점

자신이 운영하는 법인회사의 자금을 선거운동 경비로 사용하는 경우 공직선거법 위반뿐만 아니라 업무상횡령죄도 성립한다고 한 사건

[주유비 대납 · 청소년선도 지원금 사건] 벌금 500만원 확정

· 총선을 앞두고 후보자가 이사장으로 있는 장학재단을 통해 지역구 주민 대상 무료 음악회를 열고, 지역자율방범연합회에 청소년선도 지원금 명목으로 1천만원을 기부한 사건

사안

선거대책본부장이 주유소 사장의 양해를 받아 선거사무원 및 자원봉사자들에게 선거사무소 명의로 외상 주유를 하도록 지시하고, 선거사무소 회계책임자는 선거사무원 및 자원봉사자들이 외상 주유를 한 사실을 알고도 이를 결제하였으며 후보자가 사용한 개인 차량의 유류비를 대납받음으로써 선거운동과 관련하여 이익을 수령하고, 충남자율방범연합회에 청소년선도 지원금 명목으로 1,000만원을 제공하였다는 혐의로 기소된 사안

판단

이 사건 지원금 지급 이전에는 청소년선도사업 지원금 명목으로 지급한 금품이 없었던 점에 비추어 볼 때 '정기적으로 지급한' 금품으로서 공직선거법 제112조 제2항 제2호 라목의 의례적 행위에 해당하지 않으며, 그 밖에 공직선거법상의 직무상 행위, 같은 항 제3호 마목의 구호적·자선적 행위, 나아가 사회상규에 위배되지 않는 행위에 해당한다고 볼 수 없다고 하여 당선무효형을 선고한 사례 장학재단을 통해 무료 음악회를 개최함으로써 후보자가 되고자 하는 자와 관계 있는 법인의 임·직원으로서 기부를 한 행위도 함께 기소되었는데, 이에 대해서는 음악회 개최를 위한 준비과정에 적극적으로 관여하였다는 점만으로는 기부행위를 할 범의가 있었다고 볼 수 없고, 선거와의 관련성이 직접적으로 드러난 발언에 대하여 피고인이 가담하였다고 볼 만한 근거가 없으며, 음악회 개최의 적법성에 관한 선거관리위원회의 회답을 믿은 데에 정당한 이유가 있다며 1심과 달리 항소심에서 무죄를 선고하였다

시사점

다른 사람 명의로 지원금을 지급하더라도 후보자가 되고자 하는 자가 기부하는 것으로 추정할 수 있는 경우에는 '선거에 관하여 후보자를 위하여' 하는 기부행위로 볼 수 있다고 한 사건

[회계책임자 식비 결제 사건] 징역 6개월, 집행유예 2년

· 총선을 앞두고 후보자가 이사장으로 있는 장학재단을 통해 지역구 주민 대상 무료 음악회를 열고, 지역자율방범연합회에 청소년선도 지원금 명목으로 1천만원을 기부한 사건

사안

피고인이 2012. 2. 14.경 나주시 소재 식당에서, A와 함께 "선거를 좀 도와달라"고 부탁하며 70,000원 상당의 음식물을 제공하고, 회계책임자인 B가 그 식사비를 결제하고, 피고인은 2012. 2. 29.경 나주시 소재 식당에서 식당주인, 선거대책본부 대변인, 주민들 약 5명이 있는 자리에서 "Y와 단일화하여 Z를 이기자"고 부탁하며 250,000원 상당의 음식물을 제공하고, B가 그 식사비를 결제하였다는 혐의로 기소된 사안

판단

설령 후보자인 피고인이 명시적으로 회계책임자인 피고인에게 식사대금을 지급하라고 말한 적이 없다고 하더라도 피고인들 사이에 이 사건 기부행위와 같은 식사대금은 회계책임자인 B가 지급한다는 점을 충분히 인식하면서 교감하고 있었고 이에 따라 식대가 지급된 것으로 보이므로, 피고인들이 공모한 사실이 인정된다고 하여 미등록선거운동원에게 대가지급, 미신고계좌로 선거비용지출 혐의와 함께 당선무효형을 선고한 사례

(2) 당선유효형

[저서 배포 사건1] 벌금 80만원 확정

사안

피고인은 4.11 총선 관련 예비후보 등록 전인 2011년 12월 초 경암동 소재 한 중고자동차 매매상사에서 A 대표 등 5명에게 자신의 이름과 자필서명이 담긴 자서전을 무료로 배포하는 등 2012년 1월까지 선거구민 총 9명에게 8권(시가 13만 5,000원 상당)을 무료로 배포하고, "오는 13일이면 총선 예비후보에 등록한다"는 등 지지를 호소하며 명함 5장을 나눠 주어 기부행위 금지위반 및 사전선거운동을 하였다는 혐의로 기소된 사안

판단

명함 배포 과정에서 지지 호소 등 선거와 관련된 이야기를 나누지 않았으며 저서를 배포한 행위는 일상적이고 의례적인 행위일 뿐 이를 사전선거운동으로 볼 수 없다며 무죄를 주장했으나, 법원은 의례적 행위에 해당하지 않는다며 유죄를 인정하고 당선유효형을 선고하였다

[저서 배포 사건2] 벌금 80만원 확정

사안

피고인이 2011. 12. 17. 09:30경 김천시에 있는 **요양병원 1층 로비에서 '○○봉사회'라는 봉사단체 소속 회원으로 위 병원에 봉사활동을 하러 온 A 및 A의 아들 B에게 "봉사회 회원들에게 나누어 주라"고 하면서 피고인의 저서 '지방이 살아야 나라가 산다' 28권, '출근하지 마라 답은 현장에 있다' 26권 등 시가 합계 676,000원 상당의 책자 54권을 교부하여 당해 선거구 안에 있는 A 및 B에게 기부행위를 함과 동시에 선거에 영향을 미치게 하기 위하여 공직선거법의 규정에 의하지 아니한 방법으로 후보자가 되고자 하는 피고인의 성명을 나타내는 문서인 위 책자 54권을 A 및 B에게 배부하여 기부행위를 하였다는 혐의로 기소된 사안

판단

기부행위의 상대방이 피고인의 출마예정 선거구인 ○○의 유권자가 아니라고 하더라도, 예비후보 등록을 불과 한 달 정도 앞둔 시점에 발생하였던 점, 봉사회는 주로 대구, 경북 지역에 사는 회원들로 구성된 단체로서 ○○에 거주하는 회원도 포함하고 있고, ○○지역에서도 봉사활동을 종종 하였던 점, 책을 각 1권씩 나누어 준 것이 아니라 봉사활동을 하러 온 다른 회원들과 나누어 보라며 굳이 총 56권이나 되는 책을 한꺼번에 건네 주었던 점 등을 고려하여 기부행위를 하려는 의사가 미필적이나마 있었다고 보아야 한다고 하면서도 배부된 책의 수량이 많지 않은 데다가 당초 피고인의 의도와 달리 봉사회원들에게 사실상 배포되지도 아니하였을 뿐만 아니라 피고인이 큰 득표율 격차로 당선되어 이

사건 범행이 선거 결과에 큰 영향을 미치지도 아니한 것으로 보이는 점을 고려하여 당선유효형을 선고한 사례

[토하젓 선물 사건] 벌금 50만원 확정

사안

전남 강진군수 재직 시절인 2011년 10월부터 12월까지 지역 신문기자, 유권자 등 5명에게 모두 22만 4천원 상당의 토하젓 등을 제공하여 기부행위를 하였다는 혐의로 기소된 사안

판단

공직선거법상 기부행위는 엄한 처벌이 필요하지만 이 사건에서는 위법성이나 기부행위 액수가 크지는 않은 점 등을 참작하여 당선유효형을 선고한 사례

3. 20대 국회의원선거

(1) 당선무효형

[63만 4,900원 음식물 제공 사건] 징역 8개월, 집행유예 2년, 자격정지 1년 확정

사안

총선 출마 전인 2015년 ○○지방국토관리청장 재직 당시 지인 A와 공모해 당시 새누리당 총선 후보경선에 대비해 입당원서 100여장을 받아 달라고 지인들에게 부탁하고, 종친회 임원 등 선거구민들에게 12차례에 걸쳐 70만원 상당의 음식물을 제공하였으며, 선거비 명목으로 건설업자로부터 1,500만원을 수수하였다는 혐의로 기소된 사안

판단

입당원서를 37명에게 받은 것만 유죄로 인정하고 나머지 67명에 대한 것은 무죄, 선거구민에게 12차례에 걸쳐 모두 63만 4,900원 상당의 음식물을 제공한 혐의는 유죄, 1심 재판부는 피고인이 지인들로부터 1,500만원의 불법 정치자금을

받은 혐의는 '관련자의 진술에 신빙성이 없다'며 무죄를 선고했으나 항소심은 선거자금 500만원을 수수한 점을 유죄로 인정하여 당선무효형을 선고하였다

[배우자 냉장고 기부 사건] 징역 1년, 집행유예 2년 확정

사안

후보자의 배우자인 피고인이 4·13 총선 전인 2016년 2월과 2015년 9월 당원 한 명에게 후보자를 위해 선거운동을 해 달라는 취지로 300만원, 2015년 2월 다른 당원 1명에게 새누리당 경선에서 전화홍보를 부탁하며 300만원을 각각 지급하고 2015년 11월부터 2016년 3월까지 수행원에게 905만원을 지급하는 한편, 2016년 1월 150여만원 상당의 냉장고를 구입해 지역구 내의 한 종교시설에 기부하였다는 혐의로 기소된 사안

판단

2명에게 300만원씩을 준 혐의에 대해 유죄로 인정하고 수행원에게 준 905만원에 대해서는 150만원만 유죄로 인정하는 한편, 새누리당의 후보로 선출되기만 하면 당선이 유력했던 지역사회의 특성상 본격적인 선거가 이루어지기 전에 다액의 금품이 살포됐고 현역 국회의원의 배우자인 피고인이 일부 금품 살포에 관여하였다는 것은 어떠한 변명으로도 용서받을 수 없고, 수사 개시 후 범행을 은폐하고 책임을 전가하려 한 의혹이 있어 죄를 엄정히 묻지 않을 수 없다며 당선무효형을 선고한 사례

시사점

당선인의 배우자가 징역형이 확정되어 당선무효가 된 사건

(2) 무 죄

[식사비 100만원 건넨 사건] 무죄 확정

사안

지역구의 한 사무실에서 선거관리위원회에 등록되지 않은 자원봉사자인 선거대

책본부장 A에게 “가족들과 식사나 하라”며 100만원을 건넨 혐의 등으로 기소된 사안

판단

1심에서는 예비후보자 신분일 때 선거관리위원회에 신고하지 않은 A에게 100만원을 지급했고 금권선거로부터 선거의 공정성을 유지하려는 공직선거법의 입법 취지를 어겨 죄질이 가볍지 않다며 당선무효형인 벌금 300만원을 선고하였으나, 2심과 대법원은 기부행위가 국회의 선거구 획정 전에 이루어져서 죄형법정주의에 따라 처벌할 수 없다며 무죄를 선고하였다

시사점

공직선거법상 ‘기부행위’는 ‘당해 선거구 안에 있는’ 자나 기관·단체·시설 및 선거구민의 모임이나 행사 또는 당해 선거구의 밖에 있더라도 그 선거구민과 연고가 있는 자나 기관·단체·시설에 대하여 금전·물품 기타 재산상 이익의 제공, 이익제공의 의사표시 또는 그 제공을 약속하는 행위이므로 선거구 획정 전에는 기부행위 해당하지 않는다고 한 사건

[배우자가 학생에게 음식 등 제공 사건] 무죄 확정

사안

후보자가 예비후보일 당시 후보자의 배우자가 자신이 강의하는 지역대학의 한 학생에게 4만원 상당의 음식, 현금 10만원을 제공하고 20만원 상당의 티셔츠 제공을 약속하며 남편에 대한 우호적인 말을 퍼뜨려 달라는 부탁을 하여 기부행위를 하였다는 혐의로 기소된 사안

판단

1심은 공직선거법상 기부행위는 유효한 선거구를 전제로 성립하는 범죄라며 선거구가 존재하지 않았던 때에 범죄는 처벌할 수 없다고 하여 무죄 선고하였고, 항소심도 공직선거법이 정하는 선거운동은 ‘공직선거’에서의 당선 또는 낙선을 위한 행위를 의미하며 ‘당내경선’에서의 당선 또는 낙선을 위한 행위에 해당하

지 않는다고 하여 후보자의 배우자의 행위를 선거운동에 해당한다고 보기 어렵다고 판단하여 무죄를 선고하였다

[간담회 대가 제공 사건] 무죄 확정

사안

지역 학부모 봉사단체 2곳의 간부 7명에게 현장간담회 참석 대가 명목으로 현금 116만원을 건네고, 간담회 뒤풀이에서 같은 단체 회원들과 경찰관, 소방관 등에게 1인당 2만 6,450원씩 총 52만 9,000원 상당의 식사를 제공하여 기부행위를 하였다는 혐의로 기소된 사안

판단

피고인이 간담회 참석자들에게 제공한 금원 및 식사는 이들이 제공한 역무에 대한 정당한 대가로 보여진다며 금지되는 기부행위 요건인 무상성이 인정되지 않고 기부행위라고 볼 증거도 없으며, 해당 간담회는 초등학교 안전문제에 대한 법률 · 정책을 만들기 위한 것으로 볼 여지가 충분하고 피고인이 지급한 돈은 노동에 대한 정당한 대가로 볼 수 있다며 무죄를 선고한 사례

이어 국회 본연의 임무인 입법 정책개발 등 의정활동을 위해서는 현장 문제점에 대한 정확한 인식이 필요하고 민원 청취가 필수적이라며 간담회에서 드러난 각종 문제점이 피고인의 입법 정책개발 등 의정활동에 그대로 반영됐고, 피고인 측이 임원들을 섭외할 당시부터 소정의 대가를 지급할 계획이었던 점, 간담회 개최 이전에 피고인 보좌관이 국회사무처와 선거관리위원회 등에 간담회 관련 패널비와 식사제공 가능 여부를 문의한 사실이 있는 점 등까지 고려하여 판단한 사례

4. 21대 국회의원선거

(1) 당선무효형

[전통주와 책자 제공 사건] 징역 1년 4개월, 집행유예 2년 확정

사안

당내경선 과정에서 권리당원 등에게 일반 시민인 것처럼 거짓 응답해 투표하도록 권유·유도하는 메시지를 발송하고, 중소벤처기업진흥공단 이사장으로 재직할 당시 3차례에 걸쳐 2,646만원 상당의 전통주와 책자를 선거구민 377명에게 제공하는 한편, 인터넷방송에 출연해 제20대 총선 당시 당내경선 탈락 경위에 대해 허위로 발언하였으며, 선거공보물의 '후보자 정보공개자료 전과기록 소명서'란에 허위사실을 기재하고, 종교시설에서 명함을 배부하고, 확성장치를 통해 지지를 호소하는 등 다수의 공직선거법 위반 혐의로 기소된 사안

판단

선거캠프 차원에서 권리당원들에게 이른바 '거짓 응답 권유·유도' 메시지를 대량 발송, 대규모·조직적 범행으로 범행했고 일부 당원들은 이런 거짓 응답 권유·유도 행위에 응해 인증샷을 보내기도 하는 등, 선거제도의 근간을 뒤흔드는 중대한 범죄를 저질렀으며, 피고인이 선거캠프 핵심 관계자와 공모해 중소벤처기업진흥공단 이사장 당시 전통주를 선거구민 수백 명에게 광범위하게 전달했고 물품 가액도 적지 않으며 전통주를 구매하기 위해 중소벤처기업진흥공단 및 ○○○항공의 자금도 위법하게 사용했다며 당선무효형인 징역 1년 4개월, 집행유예 2년을 선고한 사례

(2) 당선유효형

[발렌타인 30년산 사건] 벌금 90만원 확정

사안

식당에서 지역기반 온라인 커뮤니티 운영진 4명과 식사하면서 발렌타인 30년산 등 70만원 상당 양주를 제공하여 기부행위를 하였다는 혐의로 기소된 사안

판단

1심은 술이 오가며 선거가 혼탁해지는 것을 경계하기 위하여 선거법은 주류를 별도 항목에 표시해 금지할 정도로 반복적으로 명시하고 있고, 100만원에 육박하는 고가의 수입양주는 특별한 물건이며, 상대방들도 피고인이 "이거 비싼 건데 마셔 보라"고 말한 것으로 진술했다면서 참석자들 역시 지역에서 회원수 1만명, 2만명 이상 커뮤니티의 운영자로 선거에 영향을 줄 수 있다고 하여 당선무효형인 벌금 150만원을 선고하였으나, 항소심은 제공된 양주가 온전한 한 병이었다고 보기 어렵고, 고액의 양주가 일반적인 매장에서는 약 50만원에 판매되므로 원심이 가격을 높게 산정했다는 사실오인 주장을 받아들여 4명에게 33만 7,733원을 제공한 것을 범죄사실로 인정하면서 경제적 추가적 이익이 제공되지 않았고 적극적인 기부행위를 하려 했던 것으로 보이지 않는다는 등의 사정을 참작하여 당선유효형을 선고하였다

Ⅲ. 종합분석

기부행위라 함은 당사자 일방이 무상으로 금품이나 재산상 이득을 제공하는 것을 말한다. 금품제공 행위의 무상성이 부정되어 무죄가 선고된 사안으로는 「간담회 대가 제공 사건」이 있다. 이 사안에서 법원은 문제가 된 현장간담회는 초등학교 안전문제에 대한 법률·정책을 만들기 위한 국회 본연의 입법 정책개발 등 의정활동의 일환으로 개최되었고, 위 간담회에서 드러난 문제점이 입법 정책개발 등 의정활동에 그대로 반영되었으며, 간담회 참석자 섭외 당시부터 소정의 대가를 지급할 계획이었다는 점에서 선거운동과의 관련성이 부정된다는 전제 하에 위 간담회 참석자들에게 제공한 금원 및 식사는 참석자들이 제공한 역무에 대한 정당한 대가로 보았다. 한편 법 제113조의 후보자 등의 기부행위가 되기 위해서는 선거구 안에 있는 자나 선거구 밖에 있더라도 선거구민과 연고가 있는 자에 대한 기부행위가 있어야 하는데, 「식사비 100만원 건넨 사건」과 「학생에게 음식물 등 제공 사건」은 2014. 10. 헌법재판소 헌법불합치 결정 이후 입법지연으로 2016. 1. 1.부터 3. 3.까지 선거구가 확

정되지 않은 초유의 사태에서 발생하여 선거구가 존재하지 않은 때에 행한 음식물 등의 제공행위는 선거구 안에 있는 자 또는 선거구민과 연고가 있는 자를 특정할 수 없다는 이유로 무죄를 선고한 특별한 사례이다.

선거구민 또는 선거구민과의 연고관련성을 구별하여 같은 젓갈 선물세트를 제공하였음에도 일부 유·무죄를 선고한 사례로는 「젓갈 선물세트 사건」이 있다. 이 사건에서 법원은 시가 438,900원 상당의 젓갈 선물세트를 지역 언론사 6명의 기자들에게 제공하고 식사비 명목으로 1,500,000원을 지급하였다는 이유로 당선무효형을 선고한 반면, 「토하젓 선물 사건」에서는 지역 신문기자, 유권자 5명에게 시가 224,000원 상당의 토하젓을 선물하였지만 기부행위의 액수가 크지 않다고 하여 당선유효형을 선고하었다. 기부행위 금지위반죄의 경우 제공된 금품의 액수가 당선유·무효형 선고의 기준이 된다는 것을 보여주는 대표적인 사례라 할 수 있다.

「돼지식당 사건」과 「회계책임자 식비 결제 사건」은 당선인이 직접 식사비 등을 지급하지 않고 선거관계인이 식사비 등을 지불한 사안으로 식사비 등 기부행위의 주체와 관련한 쟁점이 재판과정에서 다투어졌지만 법원은 회계책임자 등 선거관계인의 식사비 등의 지불행위를 당선인의 지불행위로 보아야 한다며 유죄와 함께 당선무효형을 선고하였다. 선거관계인의 식사비 등 지불행위를 당선인의 기부행위로 반드시 의율할 수는 없으나, 그 금품의 출처, 기부행위 당시 당선인의 행태, 모임을 갖게 된 동기와 경위 등에 있어 당선인의 개입 또는 관여가 인정된다면 당선인의 기부행위로 의제될 수 있는 만큼 주의하여야 한다. 「돼지식당 사건」에서 피고인과 검찰 간의 공방을 상세히 기술하여 어떤 경우에 당선인의 기부행위로 의제될 수 있는지를 자세히 살펴볼 수 있도록 하였다.

후보자가 자신의 저서 등 책자를 선거구민에게 무상으로 교부하는 경우가 많은데, 이 경우에도 공직선거법상 금지되는 기부행위가 될 수 있다는 점도 유의하여야 한다. 「저서배포 사건1, 2」는 무상배포된 저서의 수량이 적거나, 일부 저서가 실제로 배포되지 않은 사정이 있어 당선유효형이 선고되었으나, 출판기념회를 개최하고 이어진 식사자리에서 자신의 자서전을 배포하고 식사비를 제공한 「출판기념회 자서전 제공 사건」에서는 당선무효형이 선고된 바 있다.

기부행위는 직접적인 금품 제공행위로 제한하지 않고 경제적 이익을 제공하는 일체의 행위까지 포섭되므로, 금품이 수수되지 않았으나 선거구민이 할인된 객실이용 요금으로 콘도를 이용할 수 있게 한 행위도 기부행위에 해당한다. 대표적인 사례는 「강원랜드 객실요금 할인 사건」이 있다. 이 사건은 당선인이 강원랜드 감사 재직 당시에 벌어진 일이었기 때문에 재판과정에서는 기부행위 여부보다는 당시 당선인의 지위가 '후보자가 되려고 하는 자'에 해당하는지 여부가 쟁점이었으나, 법원은 당선인이 지역신문에 자신의 공약 등을 게재한 사실 등에 비추어 당시 당선인이 '후보자가 되려고 하는 자'에 해당한다고 판단하였다.

당선인이 지원금 명목으로 금품을 제공한 적이 없다가 청소년선도 지원금 명목으로 1,000만원을 제공한 행위는 '정기적으로 지급한 금품'에 해당하지 않아 의례적인 행위라 할 수 없다며 유죄를 선고한 사례로 「주유비 대납 · 청소년선도 지원금 사건」이 있다.

한편, 당선인의 배우자가 선거운동원 등에게 금전을 지급하고 종교시설에 냉장고를 기부하여 300만원 이상 벌금형의 확정으로 당선무효형이 선고된 「배우자 냉장고 기부 사건」이 있다. 선거와 관련하여 당선인은 물론 배우자가 한 기부행위로도 당선무효형이 선고될 수 있다는 점에서 시사점이 있다고 할 것이다.

참고 1 다른 선거에서의 기부행위 금지위반죄 사례

- 국가기관 또는 지방자치단체가 행하는 금품제공행위에 관하여 이를 직접적으로 뒷받침하는 별도의 법령이나 조례가 존재하지 않는 이상, 어떠한 금품제공행위가 업무추진비의 지출이라는 형식으로 이루어졌다고 하더라도 이러한 업무추진비가 그 편성 목적 및 절차에 따라 지출되었다는 이유만으로 그와 같은 금품제공행위를 공직선거법에서 정한 법령 또는 조례에 의한 금품제공행위에 해당하여 기부행위의 개념에서 제외된다고 할 수는 없다고 한 사례(대법원 2007도7205)

- 공직선거법 제112조 제1항의 '기부행위'라 함은 원칙적으로 당사자의 일방이 상대방에게 무상으로 금품이나 재산상 이익 등을 제공하는 것을 말하므로, 제112조 제1항 소정의 행위를 무상으로 하여야 기부행위가 되고(일부 대가관계가 있더라도 급부와 반대급부 간의 현저한 불균형이 있는 경우에는 정당한 반대급부로 볼 수 없는 부분은 기부행위가 된다고 할 것이다), 채무의 이행 등 정당한 대가관계로 행하는 경우에는 기부행위가 되지 아니한다고 해석하여야 할 것인바, 제3자가 후보자를 위하여 후보자의 채무를 대신 변제해 준 경우 이는 그 변제를 받은 채권자의 입장에서는 정당한 대가관계로 변제받은 것이므로, 그 행위를 채권자에 대한 '기부행위'에 해당한다고 할 수 없다고 한 사례(대법원 2006도9392)

- 피고인이 자신을 민주당 전주시장후보경선 대의원대회에서 민주당 후보로 당선되게 하여 주면 개점 예정인 피고인 소유의 코아백화점 내 매장 1개씩을 각 제공해 주겠다고 약속하였고, 당시로서는 유상으로라도 누구든지 그 매장을 분양받을 수 있는 것이 아니라 분양받는 것 자체가 상당한 재산상 이익을 받는 것이었던 경우, 비록 유상이라고 하더라도 그 백화점 내에서 영업을 할 수 있는 매장을 제공하는 것은 공직선거및선거부정방지법 제112조 제1항 제10호에 해당하여 그 제공을 약속하는 행위는 같은 항 제11호 소정의 기부행위에 해당한다고 본 사례(대법원 96도1558)

- 후보자에 의하여 타인에게 금품이 제공되었다고 할지라도 그것이 실질적으로 같은 법 제135조 소정의 선거사무관계자에 대한 수당 및 실비보상과 같이 법이 허용하는 선거비용으로 지출된 것이라면 비록 그 지출절차에 하자가 있다고 할지라도 여기서 말하는 기부행위에는 해당하지 않는다고 한 사례(대법원 98도477)

- 피고인이 아무런 대가의 약정 없이 자원봉사자의 도움을 받아 사전선거운동을 한 후 기름값 명목으로 위 자원봉사자에게 금품을 제공하였다면 이를 정당한 대가관계에 의한 채무의 이행이라고 볼 수는 없으므로 기부행위에 해당한다고 한 사례(대법원 2004도6915)

- 자연보호 캠페인 행사 이후 참석한 선거구민들에게 식사를 제공하면서 모금함을 만들어 일부 참가자들로부터 식비를 걷은 사안에서 참가들로부터 일률적으로 식비를 책정하여 받은 것이 아니라 참가자들이 자율적으로 식비를 낼 수 있도록 모금함을 준비하였고 걷어진 돈이 모자랄 경우를 대비한 대책을 마련하지 않은 점, 모금함에 돈을 넣은 사람이 누구인지 확인하지 않은 점에 비추어 미필적이나마 식비를 내지 않은 사람에게 음식물을 제공한다는 범의가 있다고 인정한 한 사례(대법원 2004도6915)

- 지방선거와 관련하여 특정 정당 내 지지기반이 없던 자가 피고인 등에게 그 정당의 구청장 후보로 공천을 받을 수 있도록 도와 달라는 부탁과 함께 활동비 등 정치컨설팅비 명목으로 금전을 제공한 경우, 위 금전이 실질에 있어서 피고인 등으로 하여금 다수의 공천 관련 인물들을 접대하는 등으로 매수하여 공천 관련 정보를 취득하고 그들의 조력이나 지지를 확보하는 등의 부정한 운동에 사용하도록 제공된 것이어서 위 금전제공 행위가 공직선거법 제112조 제1항에서 말하는 기부행위에 해당한다고 한 사례(대법원 2006도7085)

- 전국지방동시선거에서 ○○당의 △△시장 후보자로 공천될 수 있도록 하기 위하여 그를 지지하는 사람들을 당원으로 모집하고 그 중 당비를 내지 않은 사람들을 위하여 당비를 대신 납부한 사안에서 위와 같은 행위는 당비 미납자들을 위하여 그들이 납부하여야 할 당비를 대신 납부한 것으로 당비 미납자들에 대한 공직선거법 소정의 기부행위에 해당한다고 한 사례(대법원 2004도6915)

- 기자회견 및 선거유세를 통해 '향후 5년 동안 매년 100억원씩 500억원의 사재를 출연하여 장학재단을 설립하고, 대학에 진학하는 ○○군 내 500명의 고교 졸업자 전원에게 장학금을 제공하겠다'는 취지의 발언은 대학진학자 전원에게 동일한 금액을 나누어 주는 방법으로 금품이나 재산상 이익을 제공하겠다는 것이라기보다는, 장학재단을 설립하여 이를 통해 ○○군의 교육발전에 이바지하겠다는 취지로 장학재단의 설립 · 운영에 관한 기본적이고 개괄적인 계획과 포부를 밝힌 것이라 본 사례(대법원 2011도6554)

- 장학금, 노인정 개소식 비용, 청년회 및 부녀회 지원비를 각 기부한 행위가 형식적으로는 ○○새마을금고의 이사회결의에 따라 이를 집행하는 방식으로 행하여졌다고 하더라도 실질적으로는 피고인이 각 기부행위를 한 것이라고 인정한 사례(대법원 2004도6323)

- '후보자가 되고자 하는 자'에는 선거에 출마 예정인 사람으로서 정당에 공천신청을 하거나 일반 선거권자로부터 후보자추천을 받기 위한 활동을 벌이는 등 입후보 의사가 확정적으로 외부에 표출된 사람뿐만 아니라 그 신분 · 접촉대상 · 언행 등에 비추어 선거에 입후보할 의사를 가진 것으로 객관적으로 인식할 수 있을 사람도 포함된다고 한 사례(광주고등법원 2015노108 등)

참고 2 허용 · 금지 사례(중앙선거관리위원회 선거연수원)

❶ 축 · 부의금 제공

O 허용사례
- 「민법」 제777조에서 정한 친족(8촌 이내의 혈족, 4촌 이내의 인척 및 배우자)의 관혼상제의식 기타 경조사에 축 · 부의금을 제공하는 행위. 단 선거구민인 친족의 결혼식 주례행위는 법 제113조 위반
- 후보자가 되려는 사람이 선거일 180일 전에 선거구민의 弔事에 자신의 직명 및 성명이 표시된 근조기를 게시하는 행위, 단 선거일 전 180일부터 선거일까지 평소 지면이나 친교가 없는 선거구민의 弔事에 게시하는 경우는 위반
- 후보자가 되려는 사람이 평소 지면이나 친교가 있는 선거구민의 경조사에 통상적인 근조전보 · 축하카드를 보내는 행위

X 금지사례
- 후보자가 되려는 사람이 일반 선거구민의 경조사에 축 · 부의금을 제공하거나 직 · 성명이 게재된 근조 · 축하화환을 전시하는 행위
- 선거조직의 하부책임자가 후보자로부터 활동비 등의 명목으로 금품을 받아 이를 선거구민들의 경조사비로 사용하는 행위

❷ 회비 · 헌금 · 장학금 제공

O 허용사례

- 친목회 · 향우회 · 종친회 · 동창회 등 각종 사교 · 친목단체 및 사회단체의 구성원으로서 당해 단체의 규정 · 규약 또는 운영관례상의 의무에 따라 종전의 범위에서 회비를 납부하는 행위
- 종교인이 평소 자신이 다니는 종교시설 등에 통상의 예에 따라 헌금하는 행위
- 후보자가 되려는 사람이 재단법인인 장학재단에 장학기금을 출연하는 행위
- 종친회 정관 등의 규정에 따라 종친회원에게 정기적으로 지급하여 온 장학금을 그 종친회 명의로 제공하는 행위, 단 후보자가 되려는 사람의 명의를 밝혀 제공하거나 그가 제공하는 것으로 추정할 수 있는 방법으로 지급하는 것은 위반
- 후보자가 되려는 사람이 「초 · 중등교육법」 및 동법 시행령에 따라 학교운영위원회에 장학사업을 위한 학교발전기금을 제공하는 행위. 단 법령의 근거 없이 선거구 안에 있는 대학교에 발전기금을 제공하는 것은 위반

X 금지사례

- 동창회의 정관 · 규약 또는 운영관례상의 의무에 따라 회비를 납부하는 외에 별도로 기금을 제공하는 행위
- 후보자가 되려는 사람이 평소 다니는 교회가 아닌 다른 교회의 예배에 참석하여 자신의 이름을 기재한 봉투에 2만원을 넣어 헌금한 행위(서울고등법원 1996. 4. 10. 선고 96노350)
- 평소 동창회 총회에 3차례 5만원 내지 30만원의 찬조금을 냈고, 이전 동창회장들은 10만원 내지 50만원의 찬조금을 낸 예가 있을 뿐임에도 새로 동창회장을 맡았다는 이유로 후보자가 되려는 사람이 100만원을 찬조금 명목으로 제공한 행위(대구고등법원 1996. 4. 10. 선고 96도657)
- 선거일 전 120일부터 선거일까지 후보자가 되려는 사람의 이름이 포함된 장학재단의 명의로 기부행위 금지대상자에게 장학금을 지급하는 행위

❸ 교통편의 · 식사 · 다과 · 음료 제공

O 허용사례

- 의정보고회, 정책토론회, 출판기념회 그 밖의 각종 행사에 참석한 사람에게 통상적인 범위에서 차 · 커피 등 1천원 이하의 음료(주류 제외)를 제공하는 행위
- 통상적인 범위에서 선거사무소를 방문하는 자에게 3천원 이하의 다과 · 떡 · 김밥 · 음료(주류 제외) 등 다과류의 음식물을 제공하는 행위
- 선거사무소 · 선거연락소 개소식 · 간판게시식 · 현판식에 참석한 정당 간부 · 당원들이나 선거사무관계자들에게 해당 사무소 안에서 통상적인 범위의 3천원 이하의 다과류의 음식물(주류 제외)을 제공하는 행위
- 법 제113조 및 제114조에 따른 기부행위를 할 수 없는 자의 관혼상제에 참석한 하객이나 조객에게 통상적인 범위에서 음식물이나 답례품을 제공하는 행위

- 국회의원이 자신이 개최하는 정책토론회의 발제자 또는 토론자에게 음식물이나 통상의 사례금을 제공하는 행위
- 선거운동을 위하여 국회의원 또는 후보자 · 예비후보자(후보자가 되려는 자는 제외)가 관할구역 안의 지역을 방문하는 때에 함께 다니는 사람에게 통상적인 범위에서 1만원 이하의 식사류의 음식물을 제공하는 행위

☒ 금지사례

- 국회의원이 선거구민을 국회에 초청하여 국회를 관람시키고 식사 등 음식물을 제공하는 행위
- 후보자가 되려는 사람이 대표자로 있는 단체가 선거구민을 대상으로 행사를 개최하면서 후보자가 되려는 사람이 주는 것으로 추정되는 방법으로 참석자에게 음식물을 제공하는 행위
- 아파트 입주자대표회의가 주최하는 아파트 내 효도잔치에 금일봉을 제공하는 행위
- 국회의원이 지역구 내 지역현안 관련 의견수렴 차원에서 주민초청간담회를 개최하고 참석자에게 음식물을 제공하는 행위. 단 1천원 이하의 커피 등 음료(주류 제외) 제공은 가능
- 산악회를 구성하여 운영경비와 행사에 소요되는 경비를 후보자가 되려는 사람이 부담하거나 그가 부담하는 것으로 추정되는 방법으로 제공하는 행위
- 귀향 · 귀경버스를 무료로 제공하거나, 대합실 등에서 다과 · 음료 등을 제공하는 행위

❹ 구호 · 의연금품 제공

Ⓞ 허용사례

- 법령에 의하여 설치된 사회보호시설 중 수용보호시설에 의연금품을 제공하는 행위
- 「장애인복지법」 제58조에 따른 장애인복지시설(유료복지시설은 제외)에 의연금품 등을 제공하는 행위
- 「국민기초생활 보장법」에 의한 수급권자인 중증장애인에게 자선 · 구호금품을 제공하는 행위
- 명절을 맞아 선거구 내의 의경이 근무 중인 기관이나 군부대 장병을 방문하여 그들에게 위문금품을 제공하는 행위. 단 광범위한 선거구민을 대상으로 하는 경우 개별 물품 또는 그 포장지에 직명 · 성명 또는 그 소속정당의 명칭을 표시하여 제공하는 경우는 위반

☒ 금지사례

- 연말연시에 선거구내 경찰서에 격려금을 제공하는 행위
- 수용보호시설 · 구호기관 · 장애인복지시설이 아닌 경로당 · 복지시설을 방문하여 음료수 등 금품을 제공하는 행위

❺ 화환 · 화분 제공

Ⓞ 허용사례

- 후보자가 되려는 사람이 국가유공자 장례식에 근조화환을 제공하는 행위
- 국가유공자의 위령제, 국경일의 기념식 등 각종 기념식 또는 이에 준하는 행사에 의례적인 화환 · 화분 · 기념품을 제공하는 행위

☒ 금지사례

- 후보자가 되려는 사람이 선거구 내 유관기관 · 단체의 장의 이 · 취임식에 화환 · 화분 등을 제공하는 행위
- 선거구 안에 있는 지역신문사의 창간 행사 또는 동창회원 개업식에 축하화환을 보내는 행위

❻ 선물 · 기념품 제공

Ⓞ 허용사례

- 후보자 또는 가족과 관계있는 회사가 영업활동을 위하여 달력 · 수첩 · 탁상일지 등을 그 명의로 종업원이나 제한된 범위의 거래처, 영업활동에 필요한 유관기관 · 단체 · 시설에 배부하는 행위. 단 후보자의 성명이나 직명 또는 사진이 표시된 것은 제외
- 국회의원이 지역구 내 파출소 준공식에 사회통념상 의례적인 범위의 기념식수를 하고 표지석을 설치하는 경우. 이 경우 표지석에 국회의원의 직 · 성명이 부각되지 않게 게재하는 것은 무방

☒ 금지사례

- 국회의원이 국회를 방문한 선거구민들과 함께 찍은 사진을 배부하거나 기념품을 제공하는 행위
- 관내 경로당과 노인정 등에 설맞이 인사명목으로 과일상자를 제공하는 행위
- 재산적 가치가 있는 후보자의 명의가 게재된 자필폰트를 인터넷 홈페이지 또는 SNS를 이용하여 기부행위 금지대상자에게 무료로 배포하는 행위

Chapter 04

매수 및 이해유도죄

I. 개 요

공직선거법은 매수 및 이해유도죄를 일반 매수 및 이해유도죄(법 제230조), 재산상 이익목적의 매수 및 이해유도죄(법 제231조), 후보자에 대한 매수 및 이해유도죄(법 제232조), 당선인에 대한 매수 및 이해유도죄(법 제233조)로 대별하고 있다.

매수 및 이해유도죄를 기본 구성요건으로 재산상 이익목적의 매수 및 이해유도죄는 선거브로커 근절을 위해 별도의 가중처벌 규정을 둔 것이고, 후보자 또는 당선인에 대한 매수 및 이해유도죄를 둔 것은 선거 및 선거결과의 공정성을 확보하고 후보자 또는 당선인의 불가매수성을 보장하기 위한 것이다.

기본적 구성요건을 규정한 매수 및 이해유도죄(법 제230조)는 다시 매수죄(법 제230조 제1항 제1호), 이해유도죄(법 제230조 제1항 제2호, 제3호), 특별 구성요건을 규정한 선거운동관련 이익제공금지규정 위반죄(법 제230조 제1항 제4호, 제135조 제3항), 탈법방법에 의한 문자 전송 등 관련 이익제공금지규정 위반죄(법 제230조 제1항 제5호), 투표참여 권유행위 대가 이익제공금지규정 위반죄(법230조 제1항 제6호), 매수를 받는 죄(법 제230조 제1항 제7호), 정당 · 후보자 등의 매수 및 이해유도죄(법 제230조 제2항), 지시 · 권유 · 요구 및 알선죄(제230조 제3항), 매수목적 금품운반죄(법 제230조 제4항), 선거관리위원회 위원 등 공무원의 매수 및 이해유도죄(법 제230조 제5항), 정당후보자 추천 관련 금품수수죄(법 제230조 제6항, 제47조의2), 당내경선관련 매수 및 이해유도죄(법 제230조 제7항 · 제8항, 제57조의5)로 세분된다.

아래에서는 매수 및 이해유도죄의 기본적 구성요건을 규정한 매수죄와 이해유도죄, 자원봉사자에 대한 수당 등의 제공 사례와 관련된 선거운동관련 이익제공금지 규정 위반죄, 후보자 등의 매수 및 이해유도 행위를 가중처벌하도록 규정한 정당·후보자 등의 매수 및 이해유도죄 및 공천헌금과 관련된 정당후보자 추천 관련 금품수수죄에 관한 사항을 살펴본다.

1. 공직선거법 규정 분설

(1) 매수죄(법 제230조 제1항 제1호)

- 주체 : 누구든지
- 객체 : 선거인(선거인명부 또는 재외선거인명부 등을 작성하기 전에는 그 선거인명부 또는 재외선거인명부 등에 오를 자격이 있는 사람을 포함) 또는 다른 정당이나 후보자(예비후보자를 포함)의 선거사무장·선거연락소장·선거사무원·회계책임자·연설원 또는 참관인·선장·입회인
- 행위 : 금전·물품·차마·향응 그 밖에 재산상의 이익이나 공사의 직을 제공하거나 그 제공의 의사를 표시하거나 그 제공을 약속
- 처벌 : 5년 이하의 징역 또는 3,000만원 이하의 벌금(법 제257조 제1항 제1호)

(2) 이해유도죄(법 제230조 제1항 제2호)

- 주체 : 누구든지
- 목적 : 선거운동에 이용할 목적
- 객체 : 학교, 그 밖에 공공기관·사회단체·종교단체·노동단체·청년단체·여성단체·노인단체·재향군인단체·씨족단체 등의 기관·단체·시설
- 행위 : 금전·물품 등 재산상의 이익을 제공하거나 그 제공의 의사를 표시하거나 그 제공을 약속
- 처벌 : 5년 이하의 징역 또는 3,000만원 이하의 벌금(법 제257조 제1항 제1호)

(3) 선거운동관련 이익제공금지규정 위반죄(법 제230조 제1항 제4호)

- 주체 : 누구든지
- 행위 : 수당·실비 기타 자원봉사에 대한 보상 등 명목 여하를 불문하고 선거운동과

관련하여 금품 기타 이익의 제공 또는 그 제공의 의사를 표시하거나 그 제공을 약속

- 처벌 : 5년 이하의 징역 또는 3,000만원 이하의 벌금(법 제257조 제1항 제1호)

(4) 정당 · 후보자 등의 매수 및 이해유도죄(법 제230조 제2항)

- 주체 : 정당 · 후보자(후보자가 되고자 하는 자를 포함) 및 그 가족 · 선거사무장 · 선거연락소장 · 선거사무원 · 회계책임자 · 연설원 또는 제114조 제2항의 규정에 의한 후보자 또는 그 가족과 관계 있는 회사
- 목적 : 법 제230조 제1항 각 호의 목적
- 객체 : 학교, 그 밖에 공공기관 · 사회단체 · 종교단체 · 노동단체 · 청년단체 · 여성단체 · 노인단체 · 재향군인단체 · 씨족단체 등의 기관 · 단체 · 시설
- 행위 : 법 제230조 제1항 각 호의 행위
- 처벌 : 7년 이하의 징역 또는 5,000만원 이하의 벌금(법 제257조 제1항 제1호)

(5) 정당의 후보자 추천 관련 금품수수죄(법 제230조 제6항)

- 주체 : 누구든지
- 행위 : 정당이 특정인을 후보자로 추천하는 일과 관련하여 금품이나 그 밖의 재산상의 이익 또는 공사의 직을 제공하거나 그 제공의 의사를 표시 및 그 제공의 받거나 제공의 의사표시를 승낙하는 행위
- 처벌 : 5년 이하의 징역 또는 500만원 이상 3,000만원 이하의 벌금

2. 매수 및 이해유도죄 양형기준(대법원 양형위원회 공표)

구 분	감 경	기 준	가 중
일반매수, 정당의 후보자 추천 관련 매수	~ 10월, 100만원 ~ 1,500만원	6월 ~ 1년 4월	10월 ~ 2년 6월
후보자 등에 의한 일반 매수	4월 ~ 1년, 150만원 ~ 2,000만원	8월 ~ 2년	1년 ~ 3년

구분		감경요소	가중요소
특별 양형인자	행위	· 사실상 압력 등에 의한 소극적 범행 가담 · 제공 또는 수수한 금품이나 이익이 극히 경미한 경우 · 상대방의 적극적 요구에 수동적으로 응한 경우 · 선거운동에 대한 실비보상적 또는 위로적 차원에서 경미한 금품 등을 제공 또는 수수한 경우 · 의사표시 · 약속 · 승낙에 그친 경우	· 제공 또는 수수한 금품이나 이익이 다액인 경우 · 지시 · 권유 · 요구 · 알선의 경우 · 계획적 · 조직적 범행 · 불특정 또는 다수의 상대방을 대상으로 하거나 상당한 기간에 걸쳐 반복적으로 범행한 경우
	행위자 /기타	· 농아자 · 자수 또는 내부비리 고발	· 동종 전과(벌금형 포함)
일반 양형인자	행위	· 소극 가담	· 사회적 지위나 영향력을 이용하여 범행한 경우 · 선거관리위원회로부터 경고 등을 받고도 범행한 경우 · 공직선거법 제230조 제1항 제2호, 제3호 및 제235조를 위반한 경우
	행위자 /기타	· 진지한 반성 · 형사처벌 전력 없음 · 자진 사퇴, 불출마	· 범행 후 도피하거나 증거은폐 또는 은폐 시도 · 이종 누범

Ⅱ. 매수 및 이해유도 사례

제18대 ~ 제21대 국회의원선거에서 당선인이 매수 및 이해유도죄로 기소된 것은 총 17건이다. 각 선거별 매수 및 이해유도죄로 기소된 건수는 제18대 2건에서 제19대는 10건으로 늘었다가 제20대에 2건, 제21대 3건으로 줄었다. 제18대 총선에서는 2건 모두 당선무효형이 선고되었으나, 제19대에서는 6건(1건은 다른 선거범죄와 병합)이 당선무효형, 1건이 당선유효형, 3건이 무죄를 각 선고받았다. 재20대 총선에서는 당선무효형 2건(1건은 다른 선거범죄와 병합), 제21대는 당선유효형 1건, 무죄 2건이 선고되었다.

[매수 및 이해유도죄 재판 결과]

선거	당선무효	당선유효	무죄	합계
제18대 총선	2건			2건
제19대 총선	6건	1건	3건	10건
제20대 총선	2건			2건
제21대 총선		1건	2건	3건
합계	10건	2건	5건	17건

1. 제18대 국회의원선거

[전화 선거운동원 수당 지급 사건]
회계책임자 징역 1년, 집행유예 2년 확정

· 25명 전화 선거운동원의 고용 및 이들에 대한 수당지급 때문에 선거사무장 등이 실형을 선고받아 당선이 무효된 사건

사안

피고인은 A 후보자의 처남이자 선거사무소의 회계책임자로서 A 선거사무소 운영에 소요되는 모든 금전의 수입 · 지출을 관리하는 자인데, 전화 선거운동은 양산시에 특별한 연고가 없이 이른바 '전략공천'된 A 후보자를 홍보하고 그 지지를 당부하기 위하여 2008. 3. 27.부터 국회의원 선거 전날인 2008. 4. 8.까지 선거사무실에 설치된 전화 선거운동실(이른바 'TM'실)에서 대부분 양산시 거주 주부들로 구성된 25명의 선거운동원에 의하여 이루어졌고, 전화 선거운동실에 있는 장비 10개의 임대 및 설치비용 500만원을 피고인이 지급하고, B는 전화 선거운동이 시작된 며칠 후인 2008년 3월 말 또는 4월 초순경 전화 선거운동을 총괄하던 A의 동생 C에게 전화 선거운동원 일당 6만원 정도의 수당을 지급하여 달라고 요청하였고, 같은 날 피고인에게도 같은 요청을 하였으며, B는 A의 지인이며 선거운동을 돕던 D로부터 2008. 4. 4.과 4. 7. 두 차례에 걸쳐 전화 선거운동원 25명과 자신의 수당 명목으로 현금 1,690만원을 지급받아 이를 자신의 집 장롱에 보관하다가 2008. 4. 8. 오전에 전화 선거운동원실에서 전화 선거

운동을 모두 마친 오전반 선거운동원에게 수당명목으로 나누어 주는 등 선거운동과 관련하여 금품을 제공하였다는 혐의로 기소된 사안

쟁점 및 판단

이 사안은 제보자 B의 진술의 신빙성이 다투어진 사안이다. A는 B를 소개해 준 양산시장과의 관계가 선거 직후 급속도로 악화되어 양산시장이 A의 당선을 무효화시키기 위해 B를 사주하여 허위진술을 하게 한 것이라는 주장하였으나, 법원은 “피고인과 당선자와의 관계, B의 남편이 건설업을 하고 있어서 양산시장에게 잘 보일 필요가 있고, B는 양산시장 부부와도 친한 사이인 점은 인정되나 그 이유만으로 구속 등을 감내하며 허위진술을 할 가능성은 적은데 반해, B는 구속되기 전까지는 오전반 전화 선거운동원들에게 수당을 지급한 후 돈 봉투를 회수하여 바로 폐기하고, 그 후에도 전화선거운동원들에게 수사기관에 출석하여서는 일체의 수당지급을 약속받거나 지급받은 사실이 없다고 진술하도록 지시하는 등 범죄를 적극적으로 은폐하다가 2008. 4. 12. 자신의 주거지 승용차 등에 대하여 압수 · 수색을 당하고 2008. 7. 3. 공소외 1 단독으로 전화 선거운동원들에게 금품을 제공하거나 제공 의사를 표시하였다는 이유로 구속되기에 이르자, 공소외 4 후보의 선거운동을 돕다가 벌어진 범행을 축소 내지 은폐하다가 자신만이 구속된데 따른 억울함과 불안감으로 종전의 진술을 번복하여 수당 지급 사실을 진술한 것으로 보인다”고 판단하여 당선무효형을 선고하였다

특이점

양산시 선거관리위원회가 A 후보 선거사무소에서 선거운동원들에게 수당을 지급하였다는 제보를 받고 바로 위 선거사무소를 방문하여 전화 선거사무실 책상 위에 있던 선거운동원 출석부와 그곳 쓰레기통 안에서 찢어진 봉투를 발견한 사건(당시, 전화 선거운동원들 전원은 자원봉사자라고 주장)

[친박연대 공천헌금 사건]
B : 징역 1년 6월 / C : 징역 10월, 집행유예 2년 / D : 징역 1년

· 정당이 후보자 추천과 관련하여 차용금 명목으로 거액의 돈을 지급받았다고 하더라도 정당의 후보자 추천 관련 금품수수에 해당한다고 한 사건

사안

피고인 A는 2008. 3. 25. 친박연대 당사에서 피고인 B을 만나 위 B로부터 피고인 A의 딸인 피고인 C를 친박연대 비례대표 후보자로 추천하는 것으로 내락을 받고 같은 달 3. 27. 위 C가 친박연대 비례순위 1번으로 공식추천되어 중앙선거관리위원회에 등록되자 같은 날 1억원을 친박연대 계좌로 송금하는 한편, 다음 날인 3. 28. 14억 1,600만원을 송금하고, 비례순위 3번에 추천받은 피고인 D는 자신이 운영하던 ○○음료 계좌를 이용하여 3. 25. 4억원, 3. 26. 11억원, 4, 19. 1,000만원 합계 15억 1,000만원을 친박연대 계좌로 각 송금하였으며, 친박연대는 위 D가 남편 명의로 입금한 3. 28.자 14억 1,600만원의 담보 명목으로 중앙선거관리위원회로부터 지급받게 될 선거비용 보전금 1,421,479,452원의 채권을 5. 13. D의 남편에게 양도하고, 6. 5. 그 돈을 중앙선관위로부터 받아 지급하였고, 같은 날 중앙선거관리위원회로부터 지급받은 선거비용 보전금 중에서 1,532,963,292원을 피고인 A에게 원리금 반환 명목으로 지급하였다는 혐의로 기소된 사안

판단

제공된 금품이 차용금이라는 피고인들의 주장에 대해 법원은 ① 당시 친박연대가 선거비용과 승계채무 및 정당의 운영자금 등을 해결하기 위해 수십억원이 필요하였던 점, ② 비례대표 후보자 추천의 전권을 위임받은 피고인 B가 최고위원회에서 특별당비를 낼 사람을 추천하여 달라고 하였고, 이에 따라 모 친박연대 최고위원이 29억 이상 특별당비를 납부하겠다는 희망자를 소개까지 한 점, ③ 친박연대가 돈을 차용한 사람은 피고인 C, D밖에 없고, 이들이 비례 1, 3번에 추천된 점, ④ 피고인 C, D는 차용에 대한 주장을 하지 않다가 친박연대 대변인이 차용한 것이라고 발표하면서 그때부터 비로소 차용하였다는 취지의 주장을 새롭게 한 점 등에 비추어 위 각 차용증이 금품수수 당시에 작성된 것으로

보이지 않고, 대여의 외형을 갖추기는 하였으나 그 실질은 피고인 A, D가 반환받을 의사가 없었거나 또는 반환받을 의사를 일부 가지고 있었다고 하더라도 반환받지 못할 수 있다는 인식을 가지고 돈을 지급한 것으로 피고인들은 후보자 추천과 관련하여 유상으로 대여하는 행위를 통해 재산상 이익을 불법적으로 수수한 것으로 보아 각 당선무효형을 선고하였다

2. 제19대 국회의원선거

(1) 당선무효형

[공천헌금 전달 실패 사건]
징역 1년 6개월, 집행유예 2년 추징금 4,800만원 확정

· 새누리당 부산시당 홍보위원장에게 공천 대가로 5,000만원 제공하고, 사찰 등 종교시설에 각 현금 2만원을 기부한 사건

사안

피고인 2는 2012. 3. 초순경 부산 중·동구 선거구 후보자로 추천을 받지 못하게 되자 피고인 1에게 '해운대구○○군' 선거구 후보자로 당의 추천을 받을 수 있도록 공천위원 또는 공천위원의 측근 등을 상대로 청탁을 해 달라는 취지로 부탁을 한 후, 2012. 3. 15. 한식당에서 공소외 1을 통하여 피고인 1에게 활동경비 및 청탁자금 명목으로 5,000만원을 건네 주었으나 피고인 1은 공소외 13, 25 등을 만나지 못하게 되자 위 5,000만원에서 신문기자에게 준 100만원, 공소외 1에게 준 50만원, 자신의 경비 50만원을 임의로 제한 후 나머지 4,800만원만을 피고인 2에게 반환하여 공천 관련 금품제공 및 피고인이 현금 10만원을 교회, 사찰에 기부하였다는 혐의로 기소된 사안

판단

'현금 10만원'을 기부행위에 제공하였다고 기소된 부분에 대하여, 이 부분 공소사실에 부합하는 증거로는 공소외 1의 진술이 있을 뿐인바, 그것만으로는 피고인이 각 판시 범죄사실 기재와 같이 약 2만원이 넘는 금액을 제공하여 기부행위를 하였다는 점이 합리적인 의심의 여지가 없을 정도로 증명되었다고 보기에

부족하므로 '현금 2만원'을 제공하였다는 범위 내에서 유죄로 인정하면서 공천헌금 수수행위는 전부 유죄로 인정하여 당선무효형을 선고한 사례

시사점

공천헌금이 공천심사위원회에 전달되지 않고 반환되었다고 하더라도 범죄 성립에는 영향이 없다고 한 사례

[전화홍보원 급여 지급 사건] 징역 1년, 집행유예 2년 확정

· 선거운동 기간 전에 여의도 오피스텔에 선진사회언론포럼이라는 사무실을 연 뒤 직원과 전화홍보원 10명에게 1년 동안 여론조사를 가장한 홍보활동을 하도록 지시하고 급여 명목으로 금품을 제공한 사건

사안

피고인 1, 2는 공모하여 전화홍보원 공소외 5, 6 및 피고인 3, 6, 4, 8, 5, 10, 7, 9 등 10명을 순차적으로 모집한 다음, 피고인 1을 위한 전화홍보 선거운동 대가로 2011. 3.부터 2012. 2. 21.까지는 시급 5,000원을, 2012. 2. 21.부터 그 이후로는 시급 6,000원을, 2011. 9.부터 선거구민의 휴대전화 번호를 알아낼 경우 보너스 명목으로 1명당 1,000원을 추가 지급하는 조건으로 포항남·울릉 선거구민들에게 무작위로 전화하여 피고인 1을 홍보하고, 지지 호소를 하도록 하면서 피고인 1 및 그의 처 공소외 12, 지인 공소외 13 등의 계좌를 이용하여 피고인 2에게 직접 계좌이체시켜 주거나 현금을 주는 방법으로 전화홍보원들에게 급여를 지급하기로 하고, 피고인 3에게 2011. 3. 11.부터 2012. 3. 14.까지 피고인 1을 위한 전화홍보원으로 근무한 대가로 8,506,000원을 제공한 것을 비롯하여 피고인 1에 대한 선거운동과 관련하여 피고인 3 등 10명에게 합계 32,786,000원을 제공하는 등 금품을 제공하였다는 혐의로 기소된 사안

판단

피고인이 예비후보자 등록 이전에 지급된 금품은 선거운동을 위한 준비행위이고 선거운동과 관련된 금품이 아니라고 주장하였으나, 이 사건 여론조사가 예비후보자 등록 이전에 이루어졌다고 하더라도 '입후보와 선거운동을 위한 준비행

위'에 불과한 것이 아니라 사전선거운동으로서 성격을 가진다고 판단되는 이상, 피고인들이 예비후보자 등록 이전에 전화홍보원들에게 지급한 부분도 선거운동과 관련하여 제공한 것으로 처벌 대상에서 포함된다고 보아 당선무효형을 선고한 사례

[선진당 공천헌금 요구 사건] 징역 10월 실형

· 50억원을 제공하면 당선권에 있는 비례대표 후보로 공천해 주겠다는 전 선진당 정책연구원장의 말을 듣고 이를 약속한 사건

사안

피고인 A는 2012. 3. 중순경 피고인 B에게 '당에 50억원을 제공하면 당선권에 있는 비례대표 후보로 공천되도록 해주겠다'는 취지로 말하여 피고인 B로부터 긍정적인 답변을 얻었고, 동시에 C 등에게 'B가 50억원을 당에 차용해 줄 수 있는 재력이 있는 사람이니 비례대표 2번을 줘야 한다'는 뜻을 전달하는 한편, 피고인 A는 2012. 3. 22. 09:30경 부산 부산진구에 있는 식당에서 피고인 B를 만난 자리에서 피고인 B로부터 재차 '비례대표 2번으로 공천되면 선거비용 50억원을 당에 차용해 주겠다'는 취지의 다짐을 받고, 2012. 3. 22. 10:00경 당이 피고인 B를 비례대표 2번으로 확정 발표하자, 2012. 3. 23.경 피고인 B에게 전화를 걸어 당 홍보비용 50억원을 당에 차용해 줄 것을 요구하였다는 혐의로 기소된 사안

판단

공직선거법 제47조의2 제1항에 규정된 '후보자로 추천하는 일과 관련하여'라고 함은 금품 또는 재산상 이익의 제공이 후보자 추천의 대가 또는 사례에 해당하거나, 그렇지 아니하다 하더라도 후보자 추천에 있어서 정치자금의 제공이 어떠한 형태로든 영향을 미칠 수 있는 경우를 의미한다고 판단하여 당선무효형이 선고된 사례

[미등록 선거운동원에 대가 지급 사건] 징역 6개월, 집행유예 2년

· 회계책임자에게 법정 선거비용 외 선거운동 대가로 3,500만원을 주고 선거관리위원회에 신고하지 않은 계좌로 선거비용을 지출하고 식사비 등을 결제한 사건

사안

피고인은 2012. 2. 6.경 나주 영산포농협 ○○지점에서, 선거사무실에 필요한 현금을 지출하라는 명목으로 피고인 A에게 200만원을 송금하였다. 피고인은 2012. 1. 말경 배우자가 "A가 그동안 수고비를 못 주었고, 직장도 없이 아침부터 저녁까지 회계책임자로 열심히 도와주고 있는데 미안하다. 선거가 어떻게 될지 모르는데 이번 기회에 주자"고 하자 "그렇게 해라"라고 말하여 피고인 A에게 돈을 주기로 공모하였다. 이에 따라 배우자는 2012. 2. 8.경 피고인의 집에서, 회계책임자 A에게 200만원을 송금한 것을 비롯하여 합계 3,500만원을 송금하여 선거운동과 관련하여 금품을 제공하였다는 혐의로 기소된 사안

판단

피고인 B는 위 3,500만원이 2004년경부터 피고인 A가 피고인 B를 위해 헌신적으로 도와 주었음에도 이에 대하여 지급하지 못하였던 수고비와 이 사건 당시 생활에 대한 부조의 의미로 지급한 것일 뿐 선거운동과 관련하여 지급한 것이 아니라고 주장하였으나, 공직선거법 제230조 제1항 제4호, 제135조 제3항의 위반죄는 선거운동과 관련하여 금품 기타 이익의 제공 또는 그 제공의 의사를 표시하거나 그 제공을 약속하는 행위를 처벌대상으로 하는 것으로서, 그 처벌대상은 공직선거법이 정한 선거운동기간 중의 금품제공 등에 한정되지 아니하고, 같은 법 제135조 제3항에서 정한 '선거운동과 관련하여'는 '선거운동에 즈음하여, 선거운동에 관한 사항을 동기로 하여'라는 의미로서, '선거운동을 위하여'보다 광범위하며, 선거운동의 목적 또는 선거에 영향을 미치게 할 목적이 없었다 하더라도 그 행위 자체가 선거의 자유·공정을 침해할 우려가 높은 행위를 규제할 필요성에서 설정된 것이므로, 반드시 금품제공이 선거운동의 대가일 필요는 없으며, 선거운동 관련 정보제공의 대가, 선거사무관계자 스카우트 비용 등과 같이 선거운동과 관련된 것이면 무엇이든 이에 포함된다고 판단하여 당선무효형을 선고한 사례

[용역계약 비용 제공 사건] 회계책임자 징역 6월, 집행유예 2년

· 회계책임자가 선거 기획사 대표에게 컨설팅 비용 1,600여만원을 지급한 사건

사안

국회의원 선거에 출마한 후보자의 회계책임자인 피고인 A가 선거컨설팅 용역업자인 B와 선거컨설팅 용역계약을 체결하고 선거운동과 관련하여 용역대금 1,600여만원을 지급함으로써 선거운동 관련 금품을 수수하고 선거비용을 초과 지출하였다고 하여 공직선거법 위반으로 구속기소된 사안

판단

회계책임자에 대해 1심은 징역 8월의 실형, 2심은 선거비용 초과지출 중 일부는 선거비용이 아니라는 이유로 징역 8월에 집행유예 2년을 선고, 대법원은 선거비용 초과지출 부분 전부를 무죄로 보고 사건을 파기환송했고, 파기환송심인 서울고등법원은 선거비용 초과지출 부분은 무죄로, 컨설팅 비용 지급 부분은 유죄로 다시 판단해 최종 징역 6월에 집행유예 2년을 선고하였음. 대법원은 A가 용역계약을 위하여 한 행위들 중 선거운동기간이 시작되기 전에 한 행위들, 즉 선거전략, 컨셉트, 기본공약에 관한 프레젠테이션을 실시하고, 선거사무소 개소식을 준비하고 사회를 보는 행위 등은 모두 선거운동을 위한 준비행위로서 거기에 소요되는 비용은 선거비용이라고 할 수 없다고 판단하였다

시사점

선거컨설팅업체가 용역계약을 위해 선거운동기간이 시작되기 전에 한 행위는 선거운동을 위한 준비행위이지 선거운동은 아니므로 거기에 소요되는 비용은 선거비용초과지출죄에는 해당하지 않는 반면, 선거운동관련 금품수수죄의 경우에는 금품제공이 선거운동의 대가일 필요는 없고, 선거운동 관련 정보제공의 대가, 선거사무관계자 스카우트 비용 등과 같이 선거운동과 관련된 것이면 무엇이든 이에 포함된다고 한 사례

(2) 당선유효형

[보좌관 채용 약속 사건1] 벌금 80만원 확정

사안

인터넷 카페 '○○사랑'을 만들어 회원 630여 명을 모집한 뒤 총선이 치러진 4. 11.까지 정기모임을 열고 봉사활동 등을 하며 후보자를 홍보하고, 회원들에게 1인당 유권자 50명에게 지지 촉구 전화를 걸도록 독려하여 사조직을 설립하고, 2011. 3. 14. 피고인 A와 B, C 등이 있는 자리에서 피고인 B가 선거 기획을 맡아주면 당선된 후 5급 비서관에 채용하여 주겠다고 약속하는 방법으로 선거운동과 관련하여 이익 제공 의사표시를 하고, 당선된 후에는 위 의사표시에 따라 피고인 B를 5급 비서관으로 채용하였다는 혐의로 기소된 사안

판단

공직선거법에서 정한 설립 또는 설치를 금지하는 사조직은 선거에 있어서 후보자나 후보자가 되고자 하는 자를 위하여 그 명칭이나 표방하는 목적 여하를 불문하고 법정 선거운동기구 이외에 설립하거나 설치하는 일체의 사조직을 의미하므로, 설사 회칙이 없고 조직과 임원 및 재정 등에 관하여 구체적으로 정한 바가 없더라도 위 조항에서 말하는 사조직에 해당하고, '금품 기타 이익'은 유형의 금품뿐만이 아니라, 재산상 이익을 포함한 일체의 이익을 뜻하는 것으로 후보자로 공천·공사의 직 제공 등도 포함되는 의미로 해석된다고 판단하여 유죄를 선고한 사례, 1심은 벌금 500만원을 선고하였으나 항소심은 당선자들이 운동원을 보좌진으로 채용하는 관행이 있다는 사실에 비추어 가벌성이 상대적으로 약하다고 보아 벌금 80만원의 당선유효형을 선고하여 확정되었다.

(3) 무 죄

[새누리당 공천헌금 약속 사건] 무죄 확정

사안

입후보 예정자인 피고인이 2012. 2. 22. 부산 동래구 커피숍에서 양산 국회의원

선거의 총괄기획과 공천에 도움을 주는 대가로 전 새누리당 부산시당 홍보위원장에게 3억원을 제공하기로 약속하였다는 혐의로 기소된 사안

판단

1심은 실제 돈을 주고받은 것이 아니라 약속에 그쳤고, 그 약속도 A씨의 요구에 따른 것이지만, 선거기획과 컨설팅의 범위를 넘어 각종 정보제공을 받고도 합법이라 주장하며 책임을 회피하려 한다며 징역 6개월, 집행유예 1년을 선고하였으나, 항소심 및 대법원은 ① 피고인 1은 대화가 끝날 무렵 B는 공천심사위원 C가 자신에 대한 좋지 않은 이야기를 하고 다닌다고 고민을 털어놓아 D를 통하여 공천 관련 정보 등을 알아봐 주고, 아는 여자를 통하여 문제를 해결하여 주겠다고 제안한 것이지, 약속된 3억원과는 대가성이 없다고 진술한 점, ② 실제로 피고인 1은 공천심사위원인 C와의 접촉을 위한 최소한의 노력조차도 기울이지 아니한 점, ③ 피고인 1은 B에게 당시 D를 접촉하기 위하여 여자를 올려보내는 데 200만원 정도 필요하다고 말하였는데, 만약 공천 청탁과 관련하여서까지 포함하여 3억원의 제공 약속이 이루어졌다면, 별도의 경비를 요구하였을지 의문이라는 점, ④ 당시 지역구의 상황은 전략공천이 아닌 여론조사 경선방식으로 정할 확률이 높았던 것으로 보이고, 피고인들이 이를 인지하고 있었을 것으로 보이는 사정 등을 종합하여 피고인들 사이에 정당의 후보자 추천과 관련하여 금품을 제공하기로 요구하고 이를 약속하였다고 인정하기에 부족하다며 무죄를 선고하였다

[보좌관 채용 약속 사건2] 무죄 확정

사안

B는 피고인 A에게 당내경선 승리를 위해 C의 아들에 대한 공직 제공의 방법으로 영입할 것을 권유하였고, 피고인 A는 이를 받아들여 C에게 "당선되면 아들을 국회 5~6급의 공직으로 데려가겠다"고 약속하면서 선거에서의 도움을 요청하였으며, C가 이를 승낙하였다는 혐의로 기소된 사안

판단

1심은 무죄, 2심은 피고인 A가 2011. 12. 20. C와 주고받은 문자메시지의 내용

이 선거 후 아들을 국회 직원으로 채용하기로 약속하였다는 취지에 부합된다고 판단하여 벌금 300만원을 선고하였으나, 대법원은 문자메시지에는 아들에 관한 사항이 전혀 포함되어 있지 않고, 그 내용이 피고인 A가 C의 배려에 대해 감사하고 C의 말을 명심하겠다는 것과 이에 대하여 C가 피고인 A를 돕겠다면서 선거에 최선을 다하라고 당부하는 것으로서, 이를 가지고 아들의 국회 직원 채용에 대한 승낙 사실을 인정할 객관적인 자료로 삼기는 어렵다며 무죄를 선고하였다

시사점

재산상의 이익 등과 관련하여 어떠한 대화가 있었다고 하더라도 그것이 단지 의례적·사교적인 덕담이나 인사치레 표현에 불과하다면 재산상의 이익 등 제공의 의사를 표시한 것으로 볼 수 없다고 한 사건

[친형 회사돈으로 선거운동 급여 지급 사건] 무죄 확정

· 친형의 회사돈으로 후보자의 운전원을 근무하게 하고, 퇴직금 명목으로 거액을 지급한 사건

사안

피고인 A는 자신의 형인 K를 통하여 자신의 선거구에 속하는 충북 옥천군 내에 2011. 5. 23.경 주소지를 이전한 이래 계속하여 그 선거구 내에서 주민등록을 유지하고 있던 피고인 B에게 합계 1억원을 송금하였는데, 송금액 중 1,600만원은 피고인 B가 선거운동기간 동안 피고인 A가 승용한 선거운동 차량인 카니발 승용차를 전속적으로 운전한 대가에 해당하나, 나머지 8,400만원은 선거운동과 관련하여 금품을 제공한 것이라는 혐의로 기소된 사안

판단

피고인 B가 국회의원 후보자였던 피고인 A의 차량을 운전하는 행위는 단순히 노무제공하는 성격을 지니고 있어 '선거운동을 위한 준비행위'에 불과하여 선거운동이라고 볼 수 없으며, 검사가 제출한 증거들만으로는 피고인 B가 피고인의 선거운동차량을 운전하는 행위를 넘어서서 선거운동을 하는 피고인을 수행하면서 선거자금의 세탁 및 운반, 선거홍보를 위한 사진 촬영, 생일을 맞이한 선거인

을 위한 케이크 운반, 선거운동원의 식사비 정산 등 선거운동과 관련된 제반 업무 및 상대후보자 공소외 1의 운전기사인 공소외 2에게 일주일에 3~4회씩 전화하여 상대후보자의 선거운동 상황 및 향후 일정 등을 파악하여 수시로 피고인의 선거캠프에 보고함으로써 피고인의 선거운동이나 선거운동과 관련한 구체적인 행위를 한 사실이 의심할 여지없이 입증되었다고 보기 어렵다고 보아 이 부분을 무죄를 선고하는 한편, ○○코퍼레이션의 임금지급 관련 규정에 재직 중 특별한 공로가 있는 퇴직자에 대하여 특별공로금을 지급할 수 있는 규정이 있는 점, 피고인과의 관계 및 금원의 송금 경위, 그 관련 회사에서 약 15년간 피고인을 위한 운전기사로 재직하다가 퇴직한 공소외 3에게 1억원 가량을 지급한 기왕의 사례 및 액수의 상당성, 기부행위로 평가될 수 있는 다른 지급목적의 가능성에 대한 검사의 입증이 부족한 점 등을 고려할 때, 피고인 2가 송금받은 이 사건 1억원이 ○○코퍼레이션의 임금 규정에 의하여 특별공로금 내지 퇴직위로금 명목으로 지급받은 것으로서 그 지급 주체가 피고인이 아닌 ○○코퍼레이션일 가능성 내지 합리적 의심이 배제되지 아니한다고 판단하여 무죄를 선고한 사례

3. 제20대 국회의원선거

[민평당 공천헌금 사건] 징역 2년 6개월, 추징금 3억 1,700만원 확정

사안

신민당 전 사무총장으로부터 공천헌금 명목으로 세 차례에 걸쳐 3억 5천여만원을 받고 선거 과정에서 선거홍보물 8천만원 상당을 납품받고도 선거관리위원회에는 3,400만원으로 지출 비용을 축소신고한 후 홍보업체에 따로 2,000만원을 지급한 혐의와 선거당일 지인 500여명에게 '좋은 결과로 함께 기뻐하길 기대한다'는 문자메시지를 보낸 혐의로 기소된 사안(공직선거법: 정당의 후보자 추천 관련 금품 수수, 선거일 선거운동 / 정치자금법: 후보자로 추천하는 일 관련 정치자금수수, 정치자금법에 정하지 아니한 방법으로 정치자금수수, 실명이 확인되지 않는 방법으로 선거비용지출, 회계책임자에 의하지 아니한 선거비용지출, 신고된 예금계좌를 통하지 아니한 선거비용지출)

쟁점 및 판단

“정당 후보자 추천과 관련해 돈을 기부받는 행위는 정당을 금권의 영향력 아래 놓이게 해 공정성을 해치고, 민주적인 후보자 추천과정을 왜곡시킨다”며 징역 2년 6월과 추징금 3억 1,700만원을 선고한 사례

[온라인 선거운동 부탁 사건] 벌금 200만원 확정

사안

선거사무원으로 등록되지 않은 A에게 온라인 선거운동을 부탁하고 200만원을 건넸다는 혐의로 기소된 사안

판단

피고인은 A에게 돈을 보낸 것은 사실이나 총선 이전 ‘북 콘서트'에서 행사를 도와준 대가 명목으로 건넨 것이라면서 혐의를 부인하였지만, 피고인이 돈을 송금하며 많은 활동을 부탁한다고 메시지를 보낸 사실 등에 비추어 이를 믿을 수 없고, 북 콘서트 등을 도와준 대가가 일부 혼재돼 있다고 해도 주된 성격은 선거운동에 관련한 것으로 보는 게 타당하고 선거에 영향력을 미칠 수 있는 SNS 전문가에게 돈을 주고 선거운동을 시켰다면 엄하게 처벌하여야 한다며 당선무효형을 선고한 사례

특이점

검찰이 다른 고발 사건을 조사하면서 200만원이 오간 정황을 확인해 수사에 착수한 사건

※ 참고사례

[도의원 공천 부탁 45만원 식사 제공 사건] 무죄 확정

사안

지방선거 출마를 희망하는 A로부터 '충남도의원 공천을 받을 수 있도록 도와달라'는 부탁을 받고 식사비 등 명목으로 45만원을 제공받았다는 혐의로 기소된 사안

판단

1심과 항소심은 A가 지방선거 공천을 받는 데 도움을 받을 의도로 충남도당위원장이던 B 의원에게 자신에 대해 좋은 얘기를 해 달라며 피고인에게 45만원을 제공했다면 비록 피고인이 받은 금품이 45만원으로 소액이고, A씨가 지방선거에서 공천을 받지 못해 범행이 민주당 후보 공천에 영향을 미치지 않았다고 하더라도 이렇게 받은 금품은 민주당 지방선거 후보자 추천과정에서 어떠한 루트로든 영향을 미칠 수 있는 경우에 해당한다며 당선무효형인 벌금 400만원을 선고하였으나, 대법원은 피고인이 받은 돈의 규모, 그 돈을 받은 시점이 이 사건 후보자 공천을 위한 경선일로부터는 약 7개월 전이고 후보자 추천절차가 시작되는 검증신청자 접수일로부터는 약 6개월 전인 점, 그 당시 도의원 후보자로 나설 것을 계획하고 있었을 뿐 출마 의사를 확정적으로 공표하지는 않았던 점을 고려하면 피고인에게 제공한 돈이 그 자체로 정당의 후보자 추천과 관련된 것으로 평가하기는 어렵다며 파기환송하였고 파기환송심에서 무죄가 선고되어 확정되었다

시사점

1심과 항소심에서 당선무효형이 선고되었으나 피고인이 후보자 추천과정에 지속적인 정치적 영향력을 행사할 수 있거나 그 대가로 현금을 받았다는 객관적 자료가 부족하고 피고인의 정치적 영향력 등을 가늠할 객관적 자료가 없다는 이유로 무죄를 선고한 사건

4. 제21대 국회의원선거

(1) 당선유효형

[미등록 자원봉사자 현금 지급 사건] 벌금 90만원 확정

사안

예비후보 시절 자원봉사자들에게 1천 257회에 걸쳐 전화 홍보를 시키고, 선거운동원으로 등록하지 않은 A씨에게 322만원을 지급한 혐의로 기소된 사안

판단

피고인이 당내 경선과 관련, 조직적·계획적으로 불특정 다수에게 전화 홍보를 하도록 하는 한편 금품을 제공하는 등 선거운동의 공정성을 훼손하는 행위를 했으므로 비난 가능성이 크다며 당선무효형인 벌금 700만원을 선고하였으나, 항소심과 대법원은 전화 이용 경선운동에 따른 선거법 위반 혐의 부분은 면소, 금품제공에 따른 선거법 위반 혐의 부분은 공직선거법 입법 취지를 훼손해 죄책이 가볍지 않지만 선거에 영향을 끼치지 않았다며 벌금 90만원을 선고한 사례

시사점

2020. 12. 개정 공직선거법이 전화를 이용한 사전선거운동을 처벌 대상에서 제외

(2) 무 죄

[보좌관 채용 약속 사건3] 무죄 확정

사안

선거를 앞두고 3회에 걸쳐 구미시예총 사무국장 출신 A씨 부부를 찾아가 선거운동을 도와주면 보좌관직을 주겠다고 약속했다는 혐의로 기소된 사안

판단

보좌관직을 주겠다고 약속했다는 증거가 부족하다며 무죄를 선고한 사례

[함바왕 사건] 무죄 확정

사안

이른바 '함바왕'으로 불리는 A씨에게서 도움을 받는 대가로 함바식당을 수주하는 데 도움을 주는 등 편의를 제공하고 상대후보를 허위 내용으로 고소하라고 하였으며 허위 보도에 관여한 언론인 등에게 6만원 상당의 식사를 제공한 혐의로 기소된 사안

판단

1심은 허위 고소한 부분은 무죄로 판단하고, 언론인 식사 제공 부분만 유죄로 인정하면서 1인당 제공한 음식값이 1만원으로 매우 적고 선거운동에 대한 위로 차원이었으며 과거에 처벌받은 전력이 없는 점 등을 고려하여 벌금 80만원을 선고하였으나 2심과 대법원은 모임이 논의된 시기는 선거가 끝나고 열흘 이상 지난 시점이며 참석자 중에는 선거와 무관한 사람도 있어서 선거운동과 관련해 이익을 제공했다고 단정하기도 쉽지 않다며 무죄를 선고한 사례

Ⅲ. 종합분석

공천과 관련하여 금품 등을 제공하는 행위인 소위 '공천헌금' 사건은 공직선거법 제230조 제6항에 규정되어 있는 '정당의 후보자추천 관련 금품수수죄'에 해당된다. 「친박연대 공천헌금」 사건은 공천 관련하여 금품이 수수되었으나, 당사자들이 모두 차용금 명목으로 지급된 것이라고 주장하였고, 교부된 대부분의 금액이 반환되었음에도 금품수수 당시에 금품을 제공한 사람들에게 반환받을 의사 없었다거나 반환받지 못할 수 있다는 인식이 있었다고 하여 유죄를 선고하면서 공천헌금 명목으로 다액이 수수된 점 등을 이유로 당선무효형이 선고되었다. 한편, 「공천헌금 전달 실패 사건」은 로비 대상자에게 공천헌금이 지급되지 않았고 다시 돌려받았음에도 유죄가 선고된 사안이다. 대법원은 "금품 기타 이익의 제공이라 함은 반드시 금품 등을 상대방에게 귀속시키는 것을 뜻하는 것이 아니고, 그 금품 등을 지급받은 상대

방이 금품 등의 귀속 주체가 아닌 이른바 중간자라고 하더라도 그에게 금품 등의 배분대상이나 방법, 배분액수 등에 대한 어느 정도의 판단과 재량이 여지가 있는 한 비록 그에게 귀속될 부분이 지정되어 있지 않은 경우라 하더라도 그에게 금품 등을 주는 것은 제공에 해당한다"고 판시하였고, 위 사례는 위 대법원의 판례와 궤를 같이 한 것으로 보인다. 동 조항은 제공의 의사표시를 한 행위도 처벌받도록 되어 있으므로, 중개자, 중간자에게 공천 목적으로 금품이 제공되었다고 하더라도 처벌을 면하기는 어렵다고 할 것이다. 「선진당 공천헌금 요구 사건」은 공천헌금을 요구하고 이를 승낙한 행위 모두를 당선무효형으로 선고한 사례이다. 반면에 「새누리당 공천헌금 약속 사건」은 공천헌금 요구 및 이를 승낙 또는 약속하였다는 전후의 정황사실에 비추어 위와 같은 행위가 있었다고 인정하기 부족하다고 하여 무죄가 선고되었다.

선거운동과 관련하여 선거사무관계자에게 공직선거법 제135조 제3항에서 규정을 위반하여 금품 등을 제공한 행위도 처벌되는데, 여기서 선거사무관계자는 선관위 신고 여부를 불문한다. 「전화 선거운동원 수당 지급 사건」은 전화 선거운동원에게 수당 등을 지급한 회계책임자가 집행유예를 선고받아 당선무효형이 확정된 사건이고, 「전화홍보원 급여 지급 사건」은 당선인 또는 당선인의 배우자가 그 비용을 부담한 사건인데, 이 사건에서는 전화홍보 업무가 선거운동의 준비행위에 불과하다는 피고인들의 주장에 대해서 법원이 이를 배척하고 선거운동과 관련한 행위라고 보았다. 마찬가지로 「미등록 선거운동원 대가 지급 사건」에서도 선거운동 관련성이 쟁점이 되었으나 법원은 "법 제135조 제3항이 정한 '선거운동과 관련하여'는 '선거운동에 즈음하여 선거운동에 관한 사항을 동기로 하여'라는 의미"라고 하면서 '선거운동을 위하여'보다 광범위하고, 선거운동의 목적 또는 선거에 영향을 미치게 할 목적이 없었다고 하더라도 그 행위 자체가 선거의 자유·공정을 침해할 우려가 높은 행위를 규제하기 위한 것"이라고 판시하여 그 범위를 넓혀 판단하고 있다. 후보자는 이 점을 유의하여야 한다.

공사의 직의 제공 또는 약속행위와 관련한 사례는 「보좌관 채용 약속 사건1」, 「보좌관 채용 약속 사건2」가 있다. 전자는 당선유효형이 후자는 무죄가 선고되었다. 선거운동을 도운 사람을 보좌관으로 채용하는 관행이 있다고 하더라도 사전에 보좌관 채용을 약속하여 선거운동을 한 것이라면 동 조항의 위반이 된다. 「보좌관 채용 약속 사건1」은 선거운동원을 보좌관으로 채용하는 관행이 있음을 이유로 당선유효형을 선고한 사건이나, 「보좌관 채용 약속 사건2」는 제반 정황증거에 의하더라도 보좌관 채용 요구에 대해 이를 승낙하였다는 사실이 인정되지 않는다고 하여 무죄가 선고된 사례이다.

참고 1 다른 선거에서의 매수 및 이해유도 사례

• 선거인명부 작성기준일 이전이라 할지라도 상대방의 주민등록현황, 연령 등 제반 사정을 기초로 하여 다가올 선거일을 기준으로 판단할 때 위와 같은 선거인으로 될 수 있는 자이면 이를 '선거인명부에 오를 자격이 있는 자'로 봄이 상당하고, 달리 여기서의 '선거인명부에 오를 자격이 있는 자'의 의미를 선거인명부 작성기준일 현재 당해 선거구 안에 주민등록이 되어 있는 선거권자만으로 제한함으로써 선거인명부 작성기준일 이전의 향응제공 등과 관련하여 공직선거법 소정의 선거인에 대한 매수죄가 성립하지 않는다고 볼 수는 없다고 한 사례(대법원 2005도2245)

• 금품 기타 재산상 이익 등의 제공의 의사를 표시하거나 그 제공을 약속하는 행위는 구두에 의하여 할 수도 있고 그 방식에 특별한 제한은 없는 것이지만, 그 약속 또는 의사표시가 사회통념상 쉽게 이를 철회하기 어려울 정도로 당사자의 진정한 의지가 담긴 것으로서 외부적·객관적으로 나타나는 정도에 이르러야만 비로소 이에 해당한다고 할 것이므로, 도의회의원 선거에 입후보한 피고인이 "처음 받는 봉급 어려운 이웃(사회복지시설)과 함께"라는 내용이 포함된 예비후보자 홍보물을 선거인들에게 발송한 경우, 이로 인하여 선거인들을 매수했다고 평가할 수는 없다고 한 사례(대법원 2006도7906))

• 공직선거법 제135조 제1항에 의하여 수당과 실비를 지급받을 수 있는 선거사무장·선거연락소장·선거사무원 및 회계책임자는 관할 선거관리위원회에 신고된 선거사무장·선거연락소장·선거사무원 및 회계책임자에 한한다고 할 것이므로, 그 외의 자에게 선거운동과 관련하여 수당과 실비 명목으로 금품이나 이익을 제공하는 행위는 비록 그 자가 사실상 선거사무를 담당하였다고 하더라도 같은 법 제135조 제3항에 위반된다고 할 것이므로 피고인이 관할 선거관리위원회에 신고된 선거사무원이 아닌 선거운동원에게 선거운동과 관련하여 각 금품을 제공한 행위는 동법 위반에 해당한다고 한 사례(대법원 2005도6316)

• 선관위에 신고된 선거사무원에 대해 유류비 등 총 7회에 걸쳐 매회 51,000원 내지 100,000원씩 합계 557,000원을 제공한 혐의로 기소된 사안에서, 항소심은 제공된 금품의 명목이 실비, 수당이 아니라 유류비인 점, 매회 제공된 금액이 1일 제공 가능한 실비 및 수당 한도 7만원을 초과한 것이 5회에 이른 점, 가사 위 금액에 수당이나 실비가 포함되어 있다고 하더라도 어느 부분이 수당 또는 실비인지 알 수 없을 때에는 그 전부를 본죄의 이익으로 보아야

한다는 점을 들어 유죄를 선고하였으나, 대법원은 선거사무원으로 선임 신고되어 활동을 종료하기까지 101일 동안 지급받을 수 있던 수당과 실비 합계액 707만원에 훨씬 미치지 못하였다고 하여 무죄를 선고한 사례(대법원 2015도7459)

- 의정활동보고서가 선거일을 불과 며칠 앞둔 시점에서 집중적으로 배부되었고, 고용된 부녀자 모두 선거구의 유권자이고, 후보자가 위 부녀자들에게 지지를 부탁하며 의정활동보고서 배부 대가 명목으로 부녀자 42명에게 일당 3만원을 지급한 것을 금품제공 행위로 의율한 사례(대법원 98도4554)

- 선거사무소에 손님안내, 차 심부름, 전화응대, 청소 등 단순노무 대가를 지급한 것은 선거운동와 관련성이 없다고 한 사례(대법원 2007도3692)

- 국회의원으로서의 자질과 능력을 겸비하였는지를 검증할 수 있는 구체적인 정보가 부족하였음에도 별다른 확인절차 없이 그 자리에서 비례대표 후보자로 추천된 사안에서 선거자금을 제공한다는 전제조건이 없었더라면 국회의원 상위 순번 배정은 기대하기 어려웠을 것으로 보이는 여러 정황을 종합하여 당의 공식계좌로 입금된 돈이라도 공천대가성을 인정한 사례(대법원 2008도11040)

Chapter 05

선거운동기간 위반죄

I. 개 요

선거운동기간 위반죄는 선거의 과열과 낭비 방지, 후보자간의 공평한 기회를 부여하기 위해 규정한 것으로 사전선거운동죄(법 제254조 제2항), 선거당일 선거운동죄(법 제254조 제1항)로 나뉜다.

2017. 2. 8. 문자메시지를 전송하는 선거운동과 인터넷 홈페이지 또는 그 게시판·대화방 등에 글이나 동영상 등을 게시하거나 전자우편을 전송하는 선거운동은 언제나 가능하도록 개정(법 제59조 제2호, 제3호)되었고, 2020. 12. 29. 전화나 말로 하는 선거운동도 언제나 가능하도록 다시 한번 공직선거법이 개정(법 제59조 제4호)되었으므로, 그 이전의 사례는 현재 상황에서는 적용되지 않음을 유의하여야 한다.

공직선거법은 선거운동을 할 수 있는 기간에 관한 규정(법 제59조)과 함께 선거운동기간을 위반한 행위에 대한 처벌규정(법 제254조)을 별도로 두고 있다.

1. 공직선거법 규정 분설

(1) 선거운동기간(법 제59조)

- 선거운동 기간 : 선거기간 개시일로부터 선거일 전일
  - * 국회의원선거
    - 선거기간: 후보자등록마감일 후 6일부터 선거일까지
    - 선거일: 그 임기만료일 전 50일 이후 첫 번째 수요일

(2) 예외적으로 가능한 선거운동(법 제59조 각 호)

- 예비후보자의 선거운동 방식에 의한 선거운동(1호)
- 문자메시지 전송(자동동보통신방식은 법정요건 구비)하는 방식의 선거운동(2호)
- 인터넷 홈페이지 또는 그 게시판 · 대화방 등에 글이나 동영상 등을 게시하거나 전자우편을 전송하는 방법의 선거운동(3호)
- 선거일이 아닐 때에 전화(직접통화)를 이용하거나 말(확성기나 옥외다중 대상 제외)로 하는 선거운동(4호)
- 후보자가 되려는 사람이 선거일 전 180일부터 예비후보자등록신청 전까지 자신의 명함을 직접 배포(제5호)

(3) 사전선거운동위반죄(법 제254조 제2항)

- 주체 : 누구든지
- 기간 : 선거운동기간 전
- 행위 : 이 법에 규정된 방법을 제외하고 선전시설물 · 용구 또는 각종 인쇄물, 방송 · 신문 · 뉴스통신 · 잡지, 그 밖의 간행물, 정견발표회 · 좌담회 · 토론회 · 향우회 · 동창회 · 반상회, 그 밖의 집회, 정보통신, 선거운동기구나 사조직의 설치, 호별방문, 그 밖의 방법으로 선거운동
- 처벌 : 2년 이하의 징역 또는 400만원 이하의 벌금

(4) 선거당일 선거운동위반죄(법 제254조 제1항)

- 주체 : 누구든지
- 기간 : 선거일에 투표마감시각 전까지
- 행위 : 이 법에 규정된 방법을 제외하고 선거운동
- 처벌 : 3년 이하의 징역 또는 600만원 이하의 벌금

2. 선거운동기간 위반죄 양형기준(대법원 양형위원회 공표)

구 분	감 경	기 준	가 중
선거운동기간 위반	30만원 ~ 90만원	70만원 ~ 150만원	~ 8월, 100만원 ~ 300만원

구분		감경요소	가중요소
특별 양형인자	행위	· 사실상 압력 등에 의한 소극적 범행 가담 · 선거운동방법 위반의 정도가 경미한 경우 · 위법성의 인식이 현저히 약한 경우	· 선거일에 임박한 경우 · 계획적·조직적 범행 · 사회적 지위나 영향력을 이용하여 범행한 경우(제3유형은 제외)(피지휘자에 대한 교사가 적용되는 경우는 제외) · 불특정 또는 다수의 상대방을 대상으로 하거나 상당한 기간에 걸쳐 반복적으로 범행한 경우 · 피지휘자에 대한 교사
	행위자/기타	· 농아자 · 심신미약(본인책임 없음) · 자수	· 동종 전과(벌금형 포함)
일반 양형인자	행위	· 소극 가담	· 선거관리위원회로부터 경고 등을 받고도 범행한 경우 · 비속어 등 저속한 표현을 사용한 경우
	행위자/기타	· 진지한 반성 · 형사처벌 전력 없음 · 자진 사퇴, 불출마	· 후보자, 후보자의 배우자나 직계존·비속, 선거관계인의 범행 · 범행 후 도피하거나 증거은폐 또는 은폐 시도 · 이종 누범

Ⅱ. 선거운동기간 위반죄 사례

제18대 국회의원선거에서는 사전선거운동죄로 기소된 3건 중 다른 선거범죄와 경합된 2건이 당선무효형이 선고되었고, 1건이 당선유효형을 선고받았다. 제19대 총선에서도 다른 선거범죄와 경합된 1건이 당선무효형을, 3건이 당선유효형을 선고받았으며, 제20대에서는 총 5건 중 당선무효형 1건, 당선유효형이 4건 선고되었다. 제21대 총선부터는 말로하는 선거운동이 상시 허용됨으로써 당선유효형 3건 외에 무죄 또는 면소 판결을 받은 2건이 있다.

1. 제18대 국회의원선거

(1) 당선무효형

사전선거운동죄만으로 당선무효형이 선고된 사건은 없다. 사전선거운동죄가 병합되어 당선무효형이 선고된 사건은 앞서 살펴본 「KT 상무 명칭 사용 및 KT 사은품 사건」, 「박근혜와 찍은 사진 사건」 등이 있다.

(2) 당선유효형

[조기축구회 지지 호소 사건] 벌금 80만원 확정

사안

제18대 국회의원 선거운동기간 전인 2008년 1월 ~ 2월경 선거구내 조기축구회 등 4번의 모임에 찾아가 참석자들을 상대로 본인의 지지를 호소하였다는 혐의로 기소된 사안

판단

사전에 선관위 직원에게 법 위반 여부에 대해 물어보았음에도 직원이 잘못 가르쳐 준 것은 인정되지만 그 사유만으로 책임이 조각된다고 할 수 없다고 판단하면서도 선관위 직원에게 위반 여부를 확인받는 등 법 준수 노력을 한 점을 참작하여 당선유효형을 선고한 사례

2. 제19대 국회의원선거

(1) 당선무효형

[전화홍보원 급여 지급 사건] 징역 1년, 집행유예 2년 확정

· 선거운동기간 전에 여의도 오피스텔에 선진사회언론포럼이라는 사무실을 연 뒤 직원과 전화홍보원 10명에게 1년 동안 여론조사를 가장한 홍보활동을 하도록 지시하고 급여 명목으로 금품을 제공한 사건

사안

피고인이 피고인 2에게 전화홍보를 지시하고, 피고인 2는 피고인의 지시를 받아 그때부터 2011. 6. 하순경까지 피고인 4 등 7명의 전화홍보원으로 하여금 포항남·울릉 선거구민들에게 무작위로 일반전화 또는 휴대전화를 통하여 "○○○○리서치 여론조사기관입니다, 전 KBS 방송국장 피고인 1을 아십니까, 8년 전에는 무소속으로 출마했고, 공소외 1 ○○특보단장입니다."등으로 피고인 1을 홍보하게 하는 방법으로 사전선거운동을 하였다는 혐의로 기소된 사안

판단

선거에서 정당이나 후보자 내지 후보예정자에 대한 지지도를 알아보기 위한 여론조사는 일반적으로 허용되나, 그 여론조사의 목적이 후보자나 후보예정자에 대한 인지도를 높이고 그의 장점을 부각시켜 그에 대한 지지를 유도하기 위한 것이라면, 사전선거운동에 해당한다고 본 사례

(2) 당선유효형

[장애인단체 지지 발언 사건] 벌금 90만원 확정

사안

4·11총선 선거운동기간 전인 2012. 2. 16. 전북 진안군 마이산 인근의 한 식당에서 장애인단체회장 등이 참석한 자리에서 "이 후보가 장애인 문제에 관심이 많은 것 같다. 이 후보를 당선시켜야 한다"고 A 후보를 지지하는 발언을 한 사안

판단

한국지체장애인협회장 신분으로 우발적으로 지지 발언한 점을 고려하여 당선유효형을 선고한 사례

시사점

현행 공직선거법상으로는 무죄가 선고될 수 있는 사안

[동장모임 의정활동 설명 사건] 벌금 80만원 확정

사안

4 · 11 총선을 앞두고 광주 ○○구 13개 동에 각각 경선대책위원회 등의 사조직을 설립해 모바일 선거인단을 모집해 경선운동 규정을 위반하고, 2012. 1월 전남 화순의 한 식당에서 ○○구 관내 동장들에게 지지를 호소하였다는 혐의로 기소된 사안

판단

피고인이 선거를 3개월 정도, 당내경선을 1개월 정도 각 남겨둔 시점에 계획적으로 지역사회에서 영향력이 큰 동장들의 모임에 참석하여, 선거에 관하여 후보자를 돕는 것 자체가 공무원인 동장들을 상대로 법 테두리 내에서 도와달라고 말하고, 자신의 제18대 국회의원 의정활동에 관하여 설명하며, 자신이 ○○구를 위해 열심히 일하였다는 취지의 발언을 하고, 이에 한 동장이 열 세 장군이 있으니 걱정하지 말라고까지 화답한 것은 단순히 '잘 부탁한다'는 취지의 의례적인 행위를 넘어선 것으로 사전선거운동에 해당한다고 본 사례. 사조직을 이용한 모바일 선거인단 모집과 동장들 모임 관련 사전선거운동으로 1심 징역 2년의 실형을 선고받고 구속되었으나, 항소심에서 사조직을 이용한 모바일 선거인단 모집은 경선운동이고 선거운동이 아니라고 보아 벌금 80만원을 선고한 사례

3. 제20대 국회의원선거

(1) 당선무효형

[용봉산 단합대회 사건] 벌금 300만원 확정

사안

총선을 6개월여 앞둔 2015년 10월 충남 홍성군 용봉산에서 당시 새누리당 충남도당 당원 단합대회를 열어 선거구민 750명을 상대로 사전선거운동을 하였다는 혐의로 기소된 사건

판단

용봉산 당원 단합대회에서 직접적인 선거운동 관련 발언이 없었다고 하더라도 입당원서를 직접 작성하지 않은 비당원이 참석한 점 등 당시 정황에 비춰 볼 때 선거운동으로 판단되고, 단순한 인지도와 긍정적 이미지를 높이려는 행위를 넘어 선거를 염두에 두고 당선을 목적으로 한 행위로 보는 게 타당하다며 당선무효형을 선고한 사례

시사점

선거운동기간 전 말로 하는 선거운동을 허용하는 공직선거법 개정(2020년 12월) 전의 사건이며 선거운동기간 전에 개별적으로 대면하여 말로 하는 선거운동을 한 자를 처벌하는 것은 과잉금지원칙에 반하여 선거운동 등 정치적 표현의 자유를 침해한다는 위헌결정(헌법재판소 2022. 2. 24. 선고 2018헌바146 결정)의 계기가 된 사건

(2) 당선유효형

[이천쌀 배포 사건] 벌금 90만원 확정

사안

제20대 총선을 앞두고 산악회 행사에 참석해 산악회원 37명에게 이천쌀 5kg짜리 45포대(81만원 상당)를 돌리고(사전선거운동, 기부행위), 언론과의 인터뷰에서

당시 총선 상대 후보에 대한 허위사실을 공표하였다는 혐의로 기소된 사안

판단

허위사실공표와 기부행위는 무죄를 선고하였으나 공직선거법상 사전선거운동은 적용 대상이 선거구민으로만 제한되지 않고, 그들과 연관된 사람이나 기관, 단체 등이 포함된다면서 사전선거운동은 유죄를 선고한 사례

당시 헌법재판소의 헌법불합치 결정으로 기존 선거구 획정이 무효가 돼 '선거구 내 주민'을 대상으로 하는 기부행위 혐의는 무죄로 판단하였다

[교회 지지 호소 사건] 벌금 80만원 확정

사안

공식 선거운동 기간 전인 2016. 3. 27. 부산 사상구에 있는 한 교회에 찾아가 "이번 새누리당 경선에서 떨어져 무소속으로 출마했다"고 소개하며 지지를 호소하는 발언을 하였다는 혐의로 기소된 사안

판단

피고인은 A교회 목사의 요청으로 간증을 하던 중에 일어난 일이라며 불법선거운동 혐의를 부인하였으나 피고인이 오랜 기간 선거운동 경험이 있어, 교회에서 발언한 행동이 선거운동이라고 충분히 인식할 수 있었다며 유죄를 인정하면서 당선유효형을 선고한 사례

[구의원 합동 민원상담소 사건] 벌금 80만원 확정

사안

2015년 7월부터 6개월 동안 선거운동 유사기관('구의원 합동 민원 상담소')을 설치하고 산악회 모임 등을 하고, 공개된 장소에서 마이크와 같은 확성장치를 사용하거나 휴대전화로 지지를 호소하는 등 사전선거운동을 하였으며, 출생지를 속여 허위사실을 공표했다는 혐의와 더불어 보좌관과 사무국장에게 관련 증거를 은닉하도록 지시한 혐의로 기소된 사안

판단

1심에서는 민원상담소(유권자들이 민원상담소를 국회의원 당선을 위한 것으로 봤으리라고 쉽게 단정 짓긴 어렵다)와 증거은닉 교사, 허위사실공표 혐의에 대해서는 무죄, 휴대전화와 확성기를 사용해 사전선거운동을 한 혐의는 유죄로 판단하며 피고인의 행위 일부가 선거법 위반에 해당하지만 그 자체로 당선무효형을 선고하기에는 어려움이 있다며 벌금 90만원을 선고하였으나, 2심에서는 휴대전화 사전선거운동 혐의를 추가로 무죄로 판단하면서 벌금을 80만원으로 낮춘 사례

[선거당일 'V' 인사 사건] 벌금 70만원 확정

사안

2016. 4. 13. 선거 당일 오전 6시부터 2시간 동안 경기도 화성시 영천동 기흥동탄IC 진입로 근처에서 더불어민주당 대표 색상인 파란색 비옷을 입고 "투표는 의리. 꼭 하세요!"라고 적힌 우산과 "투표하는 당신이 주인공입니다"라고 적힌 피켓을 들고 지나가는 통행 차량을 향해 손가락으로 'V'자를 표시하면서 손을 흔들고 고개 숙여 인사하는 등 특정 후보자를 지지·추천하는 등 선거운동을 하였다는 혐의로 기소된 사안

판단

피고인이 평소 선거운동을 했던 장소에서 동일한 방법으로 지지를 호소했고 제보자도 이를 의식해 제보한 것인데 피고인의 행위는 재선을 앞두고 더불어민주당과 국민의당이 분당해 표심이 갈릴 것을 우려하여 당선 도모를 목적의식으로 갖고 한 행위로 판단된다며 유죄를 인정하였으나 선거법 위반 정도가 중하지는 않다며 당선유효형을 선고한 사례

4. 제21대 국회의원선거

(1) 당선유효형

[당원협의회 지지 호소 사건] 벌금 90만원, 50만원 확정

사안

A 전 국회의원 사무실에서 열린 당원협의회 행사에서 확성기를 이용하여 지지를 호소를 호소하고, 선거기간 문자메시지 발송비를 선거비로 회계처리하지 않았다는 혐의로 기소된 사안

판단

피고인이 사전선거운동을 하는 과정에서 한 발언과 집회 참석이 선거 결과에 영향을 미쳤다고 단정하기 어렵고 정치자금 지출과정에서 법률을 위반한 것도 경험이 부족한 친인척에게 맡겨 처리하는 과정에서 발생한 것으로 보이며 법을 위반한 선거운동비용을 모두 더해도 법정선거비용 한도를 초과하지 않은 점 등을 고려하여 각 벌금 90만원과 50만원의 당선유효형을 선고한 사례

[당마을잔치 지지 호소 사건] 벌금 70만원 확정

사안

2019. 5월 경 교회에서 열린 마을잔치에서 제20대 국회의원 출마 경력을 알리고 서울시 정무부시장 당시 업적을 홍보하며 자신을 지지해 줄 것을 부탁하고, 다른 행사 자리에 참석해 자신의 이력을 알리며 지지를 호소하였다는 혐의로 기소된 사안

판단

선거를 11개월 이상 앞둔 시점이었고, 선거결과에 비춰보면 피고인 행동이 선거결과에 큰 영향을 미치지는 않았을 것으로 판단된다면서 피선거권을 박탈할 정도의 위법이라고 보기 어렵다며 당선유효형을 선고한 사례

[새해 연하장 발송 사건] 벌금 50만원 확정

사안

총선 전인 2019년 12월 정읍·고창 지역위원장을 사임하면서 당원과 지역 인사들에게 당원 인사문과 새해 연하장을 대량 발송하고 2020. 1.경 교회 입구에서 명함을 돌렸다는 혐의로 기소된 사안

판단

1심에서는 피고인 등이 발송한 인사문은 의례적인 연하장이 아니고 국회의원 선거와 연관이 있다고 보고 명함을 배부한 주차장은 신도나 목회자가 주로 이용하는 곳으로 목회 시간에 방문하여 명함을 배부한 교회 입구 또한 공직선거법상 금지 장소인 종교시설로 봐야 한다고 하여 벌금 90만원 선고하였으나, 2심과 대법원에서는 개정된 공직선거법은 선거일이 아닌 때에 말이나 전화로 하는 선거운동을 허용하고 있으면서 예외적으로 종교시설 안에서의 선거운동을 제한하고 있지만 이 사건 범행은 '옥외'에서 이뤄졌기 때문에 피고인의 종교시설 앞 명함 배부는 면소에 해당한다며 연하장 배부행위에 대해서만 벌금 50만원을 선고한 사례

(2) 무 죄

[체육대회 지지 호소 사건] 무죄 확정

사안

총선을 앞둔 2019월 8월경 지인 등 21명에게 당시 자유한국당 책임당원 입당원서를 받는 등 선거법에 규정된 방법과 달리 불법으로 당내경선운동을 하고, 2019년 9~10월 옹진군민의 날 행사와 강화군 체육대회 등 지역 행사에 참석해 지지를 호소하는 등 사전선거운동을 하였다는 혐의로 기소된 사안

판단

말로 하는 선거운동은 언제든지 허용된다는 조항이 선거법에 신설됐고 당원 모집 활동은 통상적인 정당 활동 범위를 벗어나지 않기 때문에 당내경선활동에 해당하지도 않는다며 무죄를 선고한 사례

[경로당 지지 호소 사건] 면소 확정

사안

2019. 12.경 당시 김제시의회 의장과 함께 김제의 한 마을 경로당을 방문해 "김제 시내에 살고 있다. 도청과 가교역할을 하겠다. 예쁘게 봐달라"는 등의 발언으로 지지를 호소하였다는 혐의로 기소된 사안

판단

말로 하는 선거운동을 허용하는 것으로 개정된 공직선거법 개정은 종전의 법이 부당하다는 반성적 판단에서 기인한다고 하면서 이번 사건에 구법을 적용할 수도 있으나, 법 개정이 반성적 판단으로 인한 경우라면 새로운 법을 따라야 한다는 대법원의 판례를 인용하여 피고인에 대한 공소사실은 범죄를 구성하지 아니한 상황에 해당하지 않는다고 판단하여 면소를 선고한 사례

시사점

피고인과 공천경쟁을 벌이던 경쟁자가 검찰에 고발한 사례로, 2020. 12. 29. 개정된 공직선거법이 소급적용된 첫 번째 판결 사례

* 면소 : 공소시효가 완료됐거나 범죄 후 법령 개정 또는 폐지 등 이유로 사법적 판단 없이 형사소송을 종료하는 것

참고 1 다른 선거에서의 선거운동기간 위반 사례

- 후보자가 약 2시간 동안 자신의 투표소가 아닌 다른 투표소에서 약 20여명에게 인사하거나 악수를 하고 투표소 안으로 들어가는 차량의 승객을 향해 목례를 한 부분은 투표당일 선거운동위반죄에 해당하지만 자신의 투표소에서 투표를 하고 나오면서 4~5명과 악수하거나 인사한 후 선거사무소로 간 부분에 대해서는 일상적 · 의례적 · 사교적 행위에 불과하여 선거운동이 아니라고 한 사례(대법원 2015도7690)

- 선거구민 약 15명과 정책 현안에 대해 자유롭게 의견을 주고받는 일종의 좌담회 유사 모임인 소위 '타운홀미팅'을 주관하고 참석한 경우, 피고인은 민원을 청취하고 주민 의견을 수렴하여 정책이나 공약을 개발하기 위한 것으로 선거운동을 위한 준비행위일 뿐이라고 주장하였으나, 인지도를 제고하고 실질적으로 지지를 유도하였으므로 선거운동에 해당한다고 판단한 사례(서울북부지방법원 2014고합509, 서울고등법원 2015노571 판결로 확정)

- 예비후보자의 자원봉사자가 예비후보자의 동의 없이 자동동보통신으로 선거구민들에게 "OOO입니다. 금일 저의 장모님이 별세하셨습니다. 자식의 도리를 다하기 위해 장례기간 동안 찾아뵙지 못할 것 같습니다. 이해바랍니다. 근조 화환은 받지 않겠습니다. OOO 드림"이라는 문자메세지를 전송한 사안에 대해 사전선거운동을 인정한 사례(울산지방법원 2012고합258, 부산고등법원 2012노443 판결로 확정)

- 국회의원 선거에 출마하고자 하는 자가 자신의 변호사 사무소와는 별개인 연구소 사무실로 전화를 하거나 찾아온 선거구민들에게 무료법률상담을 해 준 행위가 기부행위 내지 사전선거운동에 해당한다고 판단한 사례(대법원 2004도4987)

- 피고인은 1999.경 법무사로 개업한 이래 매년 연말연시에 연하장 1,000여 장을 작성하여 임실군 관내 주민들과 그 밖의 친지들에게 발송하여 왔다는 점 및 출마예정지에 주민등록을 이전하지 않고 계속하여 전주시에 거주하여 온 점 등을 이유로 사전선거운동에 해당하지 않는다고 판단한 사례. 다만, 피고인의 연하장 배부행위가 실질적으로 법무사로서의 통상적인 업무상 행위일 뿐 사전선거운동 등 공직선거법 소정의 선거범죄에 해당하지 아니한다고 하더라도 피고인은 선거관리위원회 위원이나 직원의 자료제출 요구에 응할 의무가 있으며, 이에 불응한 경우 공직선거법 제256조 제4항 제12호에 의한 처벌은 인정한 사례(대법원 2002도5981)

참고 2 허용 · 금지 사례(중앙선거관리위원회 선거연수원)

Ⓞ 허용사례
- 예비후보자가 자신의 홍보 및 안내멘트를 자신의 휴대폰 통화연결음으로 사용하는 행위
- 후보자가 자신의 로고송을 통화 연결음으로 사용하거나, 이를 홈페이지 등에 게시하여 선거운동원 및 유권자가 선거운동기간 중 자신의 통화연결음으로 사용할 수 있도록 하는 행위
- 유명 연예인의 목소리를 후보자의 휴대전화, 선거사무소 대기통화연결음으로 사용하는 행위

☒ 금지사례
- 야간(오후 11시부터 다음날 오전 6시까지)에 전화를 이용하여 선거운동을 하는 행위
- 정당선거사무소에 예비후보자를 위하여 전화를 가설하고 전화홍보팀을 운영하는 행위

Chapter 06

부정선거운동죄

I. 개 요

공직선거법은 제255조 제1항에 「공무원의 당내경선운동 금지 위반(법 제57조의6 제1항)」등 20호의 금지 · 제한규정 위반행위, 제2항에 「예비후보자홍보물 선거공약 제재방법 위반(법 제60조의3 제1항 제4호 후단)」 등 8호의 금지 · 제한규정 위반행위. 제3항에 「공무원 지위이용 당내경선운동 금지 위반(법 제57조의6 제2항)」 등 2호의 금지규정 위반행위 등 다양한 부정선거운동죄에 관한 처벌규정을 두고 있다.

여기서는 다양한 부정선거운동죄 중에서 지난 제18대부터 제21대 국회의원선거 당선자에 대한 재판사례가 있는 사조직 · 유사기관의 설치금지 위반죄, 호별방문 제한 위반죄 및 당내경선운동 방법제한 위반죄를 다루기로 한다.

1. 공직선거법 규정 분설

(1) 사조직 설치금지 위반(법 제87조 제2항, 제255조 제1항 제11호)

- 주체 : 누구든지
- 목적 : 후보자 또는 후보자가 되려는 사람을 위하여
- 행위 : 연구소 · 동우회 · 향우회 · 산악회 · 조기축구회, 정당의 외곽조직 등 그 명칭이나 표방하는 목적 여하를 불문하고 사조직 기타 단체를 설립하거나 설치
- 처벌 : 3년 이하의 징역 또는 600만원 이하의 벌금(법 제255조 제1항 제11호)

(2) 유사기관의 설치금지 위반(법 제89조 제1항 본문, 제255조 제1항 제13호)

- 주체 : 누구든지
- 목적 : 후보자 또는 후보자가 되려는 사람을 위하여
- 행위 : 선거사무소, 선거연락소 및 선거대책기구 외에 선거추진위원회 등 명칭 여하를 불문하고 유사한 기관·단체·조직 또는 시설을 설립 또는 설치하거나 기존의 기관·단체·조직 또는 시설을 이용
- 처벌 : 3년 이하의 징역 또는 600만원 이하의 벌금(법 제255조 제1항 제13호)

(3) 호별방문제한 위반(법 제106조 제1항·제3항, 제255조 제1항 제17호)

- 주체 : 누구든지
- 목적 : 1. 선거운동을 위하여 또는 선거기간 중 입당의 권유를 위하여
  2. 선거기간 중 공개장소에서의 연설·대담의 통지를 위하여
- 행위 : 호별로 방문(관혼상제 의식이 거행되는 장소, 도로·시장·점포·다방·대합실 기타 다수인이 왕래하는 공개된 장소에서 정당 또는 후보자에 대한 지지를 호소하는 것을 제외)
- 처벌 : 3년 이하의 징역 또는 600만원 이하의 벌금(법 제255조 제1항 제17호)

(4) 당내경선운동 방법제한 위반(법 제57조의3 제1항, 제255조 제2항 제3호)

- 당내경선운동 : 정당이 당원과 당원이 아닌 자에게 투표권을 부여하여 실시하는 당내 경선
- 허용되는 당내경선운동 :
  ❶ 선거사무소를 설치하거나 그 선거사무소에 간판·현판 또는 현수막을 설치·게시하는 행위
  ❷ 자신의 성명·사진·전화번호·학력(정규학력과 이에 준하는 외국의 교육과정을 이수한 학력)·경력, 그 밖에 홍보에 필요한 사항을 게재한 길이 9센티미터 너비 5센티미터 이내의 명함을 직접 주거나 지지를 호소하는 행위(당내경선운동)
  다만, 선박·정기여객자동차·열차·전동차·항공기의 안과 그 터미널·역·공항의 개찰구 안, 병원·종교시설·극장의 옥내(대관 등으로 해당 시설이 본래의 용도 외의 용도로 이용되는 경우는 제외한다)에서 주거나 지지를 호소하는 행위는 제외
  ❸ 정당이 경선후보자가 작성한 1종의 홍보물을 1회에 한하여 발송하는 행위
  ❹ 정당이 합동연설회 또는 합동토론회를 옥내에서 개최하는 행위
- 처벌 : 3년 이하의 징역 또는 600만원 이하의 벌금(법 제255조 제1항 제17호)

2. 부정선거운동죄 양형기준(대법원 양형위원회 공표)

구 분	감 경	기 준	가 중
선거운동방법 위반	50만원 ~ 90만원	70만원 ~ 200만원	4월 ~ 1년, 100만원 ~ 400만원

구분		감경요소	가중요소
특별 양형인자	행위	· 사실상 압력 등에 의한 소극적 범행 가담 · 선거운동방법 위반의 정도가 경미한 경우 · 위법성의 인식이 현저히 약한 경우	· 선거일에 임박한 경우 · 계획적 · 조직적 범행 · 사회적 지위나 영향력을 이용하여 범행한 경우(제3유형은 제외)(피지휘자에 대한 교사가 적용되는 경우는 제외) · 불특정 또는 다수의 상대방을 대상으로 하거나 상당한 기간에 걸쳐 반복적으로 범행한 경우 · 피지휘자에 대한 교사
	행위자 /기타	· 농아자 · 심신미약(본인책임 없음) · 자수 또는 내부비리 고발	· 동종 전과(벌금형 포함)
일반 양형인자	행위	· 소극 가담	· 사회적 지위나 영향력을 이용하여 범행한 경우 · 선거관리위원회로부터 경고 등을 받고도 범행한 경우 · 공직선거법 제230조 제1항 제2호, 제3호 및 제235조를 위반한 경우
	행위자 /기타	· 진지한 반성 · 형사처벌 전력 없음 · 자진 사퇴, 불출마	· 범행 후 도피하거나 증거은폐 또는 은폐 시도 · 이종 누범

Ⅱ. 부정선거운동죄 사례

제18대 국회의원선거에서 부정선거운동죄로 기소된 사건은 없다. 제19대에 들어와서 사조직 · 유사기관 설치금지 위반죄로 3건이 기소되었으나 모두 무죄가 선고되었고, 제20대는 1건의 당선무효형이 있다. 호별방문금지 위반죄는 제20대는 당선유효형 3건, 제21대는 당선유효형 1건이 있으며, 당내경선운동 방법제한 위반죄는 제20대는 당선유효형 1건이 있고 제21대는 당선무효형 1건(재판중), 당선유효형 2건이 선고되었다.

1. 조직 · 유사기관 설치금지 위반

(1) 제19대 국회의원선거

[인터넷 카페 '심봉사 사람들' 개설 사건] 무죄 확정

사안

피고인들은 인터넷 카페를 개설하여 피고인 A의 지지자들을 늘려 A를 위한 본격적인 선거운동을 하기로 마음먹고 2011. 8. 9.경 피고인 B를 '까페지기(카페 개설 및 운영자)'로 하여 인터넷 다음 사이트에 카페를 개설하면서 그 명칭을 마치 봉사단체인 것처럼 정하고 그때부터 피고인 A의 지지자들을 늘리기 위하여 내비게이션 등 경품을 내걸고 이벤트를 진행하는 등 회원들을 모집하는 데 주력함으로써 2012. 3. 24.경 801명의 회원을 갖춘 조직을 결성하고, 위 카페를 개설한 때부터 2012. 3. 24.경까지 위 카페에 피고인 A에 대한 지지를 호소하거나 피고인 A를 홍보하는 글을 지속적으로 게시하는 등 A의 선거운동을 위하여 사조직인 '○사모' 또는 '○봉사 사람들'을 설립하였다는 혐의로 기소된 사안

판단

인터넷 카페를 개설해 회원을 모집하는 것은 정보통신망을 통한 선거운동의 하나로, 선거운동기간뿐만 아니라 이전에도 허용되므로 인터넷 카페를 선거법상의 사조직에 해당한다고 보기 어렵고, 인터넷 카페를 위한 별도 오프라인 모임

을 개최한 경우에도 "일시적이고 임시적인 성격에 그친다면 공직선거법상 사조직에 해당하지 않는다"며 무죄를 선고한 사례

[선거대책위원회 활동 사건] 무죄 확정

사안

4 · 11 총선을 앞두고 선거대책위원회를 설치해 선거운동원들에게 운동 방법을 미리 교육시키거나 후보자의 보좌관이 입당원서 등의 모집과 관련하여 후보자를 홍보하도록 교육시키고 당원들이 후보자에 대한 지지 발언을 하도록 했다는 혐의로 기소된 사안

판단

유사기관 설치 금지를 규정한 구 공직선거법 제89조 제1항이 개정되어 '후보자 또는 예비후보자의 선거사무소에 설치되는 각 1개의 선거대책기구'가 처벌 대상에서 제외된 것이 종전의 처벌규정이 부당하다는 데에서 나온 반성적 조치로서 형법 제1조 제2항의 '범죄 후 법령의 변경에 의하여 그 행위가 범죄를 구성하지 아니한 때'에 해당하고, 보좌관이 입당원서 등의 모집과 관련해 A 의원을 홍보하도록 교육했다거나 당원 등이 A 의원에 대한 지지 발언을 했다고 인정할 증거도 부족하여 사전선거운동 혐의도 인정되지 않는다고 판단하여 무죄를 선고한 사례

시사점

재판 진행 중인 2012. 10. 2. 종전에 중앙당 또는 시 · 도당에 1개의 선거대책기구를 두도록 하던 공직선거법 규정이 후보자 및 예비후보자도 1개의 선거대책기구를 둘 수 있도록 개정되었고, 개정된 공직선거법 규정을 적용하여 무죄를 선고한 사례

(2) 제20대 국회의원선거

[마을 공동체 사무실 이용 사건] 벌금 300만원 확정

사안

유사기관 이용(자신이 대표로 있던 울산 북구 마을공동체 사무실 등을 유사 선거사무소로 이용), 사전선거운동(현장노동조직 관계자와 함께 출근 선전전 명목으로 지지를 호소하거나 현대차 직원을 상대로 전화로 지지를 호소), 숙소 제공 등 매수 및 이해유도(대학생 선거운동원에게 현장노동조직 사무실을 숙소로 무상 제공) 혐의로 기소된 사안

판단

1심에서는 "선거운동본부 측이나 지지자들이 유사사무실을 운영하고 사전선거운동을 한 점과 선거운동원에게 숙소를 무상으로 제공한 점 등은 인정은 되지만, 피고인이 지시했거나 의도적으로 묵인했다고 단정하기 어렵다"며 유사기관 이용, 전화사전선거운동, 숙소 제공 등 매수 및 이해유도 등 혐의는 모두 무죄로 판단하였고 1인 시위 사전선거운동 혐의만 유죄로 보아 벌금 90만원 판결을 선고하였으나, 2심은 1심과 달리 피고인이 설립한 마을카페 사무실을 선거운동 목적으로 이용하고 이용기간, 이용의 내용과 정도, 이용행위의 결과에 대한 피고인의 이해 정도를 볼 때 죄책이 무겁고, 1인 시위 형태로 사전선거운동이 진행되는 것을 알면서도 당선을 위해 이를 이용한 것 역시 죄질이 가볍지 않다며 벌금 300만원 당선무효형을 선고하였고 대법원에서 원심확정된 사례

2. 호별방문제한 위반죄

(1) 제20대 국회의원선거

[시청 명함 배포 사건] 벌금 90만원 확정

사안

4·13 총선을 앞둔 지난 4월 8일에 자신의 선거 캠프 관계자 2명과 함께 여수시청 민원지적과 등 사무실 34곳을 돌며 시청 직원들에게 명함을 나눠주거나 지지를 호소하였다는 혐의로 기소된 사안

판단

1심에서 호별방문 금지를 위반한 피고인들이 모두 혐의를 인정하고, 유사사례 등에 비춰 당선유효형을 선고한 사례

[지하철 개찰구 명함 배포 사건] 벌금 90만원 확정

사안

4·13 총선 예비후보 신분이던 3월 3일 선거사무소 자원봉사자 등과 함께 인천 도시철도 1호선 경인교대입구역 개찰구 앞 등지에서 자신의 명함 605장을 나눠 주었다는 혐의로 기소된 사안

판단

피고인들이 명함을 돌린 행위를 인정했고 예비후보자, 선거사무원, 예비후보자가 지정한 1인이 명함을 뿌리는 행위 자체는 선거운동 금지에 해당하는 것은 아니라는 점 등을 고려했다며 벌금 90만원 선고, 명함 배부가 이뤄진 지하철 개찰구 바깥은 공직선거법에서 선거운동을 금지한 '지하철 구내'에 해당하지 않는다는 피고인 측 주장에 대해서는 당시 배부가 이뤄진 지하 2층은 대부분 지하철 이용 승객이 이용하는 공간이기 때문에 지하철역에 해당한다며 위 주장을 배척한 다음 당선유효형을 선고한 사례

[극장 명함 배포 사건] 벌금 50만원 확정

사안

총선을 앞둔 3월(선거일 전 180일부터 선거일까지 선거에 영향을 미치게 하려고 극장과 지하철 등 일부 다중 이용시설에서 후보 명함을 배부·살포하는 행위를 금지) 경기도 남양주시의 한 영화관에서 유권자들에게 명함 50여 장을 배포한 혐의로 기소된 사안

판단

배부 금지 장소에서 명함을 돌려 선거 공정성을 해할 우려가 있는 만큼 유죄가 인정되나 피고인이 공소사실을 인정하고 반성하는 점, 명함 배부시간이 짧고 배부량이 적은 점, 위법성을 인식못한 정황이 명확한 점 등을 고려해 양형한다며 벌금 50만원 선고한 사례

(2) 제21대 국회의원선거

[기관과 단체 호별방문 사건] 벌금 80만원 확정

사안

총선 예비후보자 신분이던 2020년 3월 여러 기관과 단체 사무실을 호별 방문해 선거운동을 하였다는 혐의로 기소된 사안

판단

피고인들이 초범이고 반성하고 있다는 점과 선거운동 개시 전에 고발 사실이 언론보도로 알려져 선거에 영향을 미치지 않았다는 점 등을 참작하여 당선유효형을 선고한 사례

3. 당내경선운동 방법제한 위반죄

(1) 제19대 국회의원선거

[회사 직원을 동원한 경선운동 사건] 벌금 80만원 확정

사안

피고인이 중학교 동창 등과 공모해 2011년 12월부터 이듬해 3월 12일까지 지인 명단의 작성과 수집, 전화 착신전환, 경선선거인단 등록권유 등의 방법으로 경선운동을 하고, 자신이 대표이사 주식의 99.99%를 보유하고 있으면서 실질적으로 운영하는 항공사의 직원들을 동원하여 지인 명단 작성, 선거사무소 자원봉사자 관리 등을 시켰다는 혐의로 기소된 사안

판단

공직선거에 출마할 정당 추천 후보자 선출을 위한 당내경선에서 당선 또는 낙선을 위한 행위는 원칙적으로 공직선거법상 '선거운동'에 해당하지 않고, 위 행위에 부수적으로 공직선거에서 당선 또는 낙선을 도모하고자 하는 의사가 포함되어 있다는 사정만으로 '선거운동'에 해당한다고 볼 수 없다고 판단한 사례

1심은 벌금 90만원, 2심은 벌금 300만원을 선고하였으나, 대법원은 당내경선에서의 당선을 위한 행위는 선거운동으로 볼 수 없어 선거법 위반에 해당하지 않는다며 무죄 취지로 사건을 파기 환송(공소사실로 적시된 구체적인 내용들을 보더라도 대부분 피고인이 당의 후보로 선출되기 전 당내 경선운동과 관련된 것들로 보이고 그 이후의 구체적인 '선거운동'의 내용은 적시되어 있지 않다), 파기환송심은 대량문자발송 등 일부 경선운동방법 위반만 인정하여 벌금 80만원을 확정한 사례

(2) 제20대 국회의원선거

[역선택 유도 발언 사건] 벌금 80만원 확정

사안

당내경선을 앞두고 피고인의 SNS에서 동영상 생중계로 "새누리당을 지지하시는 분들도 A 후보를 선택할 수 있다. 그때는 지지하는 정당이 없다라고 말씀해 주셔야 A 후보에게 유효표를 던질 수 있다"고 말해 역선택을 유도하는 발언을 하고(당내경선운동 위반), 경쟁후보 측에서 이를 문제삼자 이틀 뒤 역선택 유도 발언과 관련하여 "중앙당 선관위가 선거법 위반이 될 수 없다고 자체 결정했다"는 허위사실을 공표하였다는 혐의로 기소된 사안

판단

피고인의 행위가 정당 내 민주주의를 보장하는 공직선거법의 입법취지와 어긋나는 행위이므로 역선택 발언은 유죄이나 중앙당에서 당내경선 효력을 문제삼지 않고 피고인을 후보자로 결정하였고 상대 경선후보가 결과에 승복한 점 등을 고려하여 당선유효 판결한 사례

허위사실공표의 점은 피고인의 발언 대상이 본인이 아닌 중앙당 선관위의 행위

에 해당되는 만큼 법령에서 정한 피고인의 실적 등에 대한 허위사실이 아니라고 판단하고 무죄를 선고하였다

(3) 제21대 국회의원선거

(가) 당선유효형

[북한 김정은 부자 빗댄 발언 사건] 벌금 70만원 확정

사안

예비후보 당시 자신의 선거사무실에 지지자 100여명을 모아놓고 '제가 꼭 3선의 뜻을 관철해 쓰러져가는 대한민국을 일으킬 수 있는 계기가 됐으면 좋겠다', '여러분들도 3선 의원 맛을 볼 수 있는 시대를 한번 만들어 보자' 등 자신에 대한 지지를 호소하고(당내경선운동제한 위반), 상대 후보를 북한 김정은 부자에 빗댄 발언을 하고서도 이 같은 발언을 한 사실이 없다는 취지의 내용을 담은 보도자료를 배포(허위사실 공표)하였다는 혐의로 기소된 사안

판단

피고인이 100여 명을 모아두고 자신을 지지해 달라고 25분가량 호소한 사실은 유죄로 인정하면서 피고인이 3선으로 다수 선거 경험이 있어 관련 법을 잘 알고 있는데도 법을 어긴 것은 불리한 정황이지만, 당시 모임 참석자 대부분이 이 의원 지지자였고, 이 의원 지지 호소 발언이 선거 결과에 큰 영향을 주지 않았다며 당선유효형을 선고한 사례

피고인이 즉흥적으로 여러 발언을 하던 중 문제의 표현이 나온 것으로 보이나 이는 짧은 순간에 나와 혼동의 여지가 있으며 보도자료를 배포할 당시 허위에 대한 인식이 없었을 것으로 판단하여 이 부분은 무죄를 선고하였다

특이사항

피고인이 공직선거법이 개정돼 말로 선거운동을 하는 것은 항상 가능하도록 바뀐 만큼 면소판결을 해달라는 취지로 항소하였으나 검찰은 '이 의원이 확성장치(마이크)를 사용했다'는 내용으로 공소장을 변경하여 공소유지

[피켓 경선운동 사건] 벌금 30만원 확정

사안

당내경선 과정에서 여론조사 전화를 받아 달라는 취지의 문구와 자신의 이름이 적힌 피켓을 목에 걸고 선거운동을 하였다는 혐의로 기소된 사안

판단

선거관리위원회가 당내경선 방법을 고지했고, 다른 운동 방법이 있었는데도 이를 위반했으나 확정적 고의로 이를 위반했다고 볼 수 없고, 선거 결과에도 큰 영향을 미치지는 않았다며 당선유효형을 선고한 사례

(나) 당선무효 가능성

[서울교통공사 직원 당내경선운동 사건] 징역 10개월, 집행유예 2년(1심)

사안

2019년 9월~2020년 3월 서울교통공사 노조 정책실장 신분으로 정의당 비례대표 당내경선운동을 하며 당원들에게 지지 호소 전화를 한 혐의와 공사 노조원 77명에게서 정치자금 312만원을 위법하게 기부받고(정치자금법 위반), 추진단원들에게 37만여원의 식사를 제공한 혐의(기부행위금지 위반)로 기소된 사안

판단

1심은 피고인은 오후 11시부터 이튿날 오전 8시까지는 전화로 선거운동을 할 수 없음에도 당내경선 투표 기간에 야간에 전화경선운동을 하였고, 선관위 조사 중에도 추가로 범행을 저질렀고 증거를 은폐하려고 시도했다며 당선무효형을 선고한 사례(재판 계속 중)

시사점

국가형벌권이 정당 내부 문제까지 개입하는 것은 과도하다며 재판부에 위헌법률심판 제청을 신청했고, 헌법재판소는 비당원에게도 투표권을 부여하는 당내경선에서 지방공사인 서울교통공사의 상근직원까지 당내경선운동을 금지하는 것은 위헌이라는 결정을 함(2022.6.30. 2021헌가24)

참고 1 다른 선거에서의 부정선거운동 사례

❶ 사조직 · 유사조직 설치 금지 위반

- 피고인(피고인은 원씨임)을 사랑하는 사람들의 모임인 '원사모'는 피고인이 원주시장 선거에 출마가 예상되는 피고인을 도와 주려는 목적의 모임으로 선거운동을 목적으로 만들어진 공직선거법상 사조직에 해당하지만, '원사모'는 피고인의 지시를 받지 아니한 상태에서 자발적으로 모여 만든 모임이고, 모임을 설립하거나 설치하는 데 피고인이 공모하였다고 인정할 만한 자료가 없으며, 단지 피고인이 '원사모'의 설립 이후 그 모임에 여러 차례 참석한 사실만으로는 피고인이 '원사모'를 설립 또는 설치하였다거나 거기에 공모하였다고 볼 수 없다며 무죄를 선고한 사례(대법원 2007도7902)

- 선거운동의 자유와 공정 및 기회균등을 꾀하고, 정치인의 통상적인 정치활동을 보장할 필요성, 죄형법정주의 원칙에서 파생되는 형벌법규의 엄격해석의 원칙, 구 공직선거법의 전체적인 체계에서 선거운동이 차지하는 위치 및 다른 개별적 금지규정의 내용 등에 비추어 볼 때, 공직선거법상 선거운동의 의미와 금지되는 선거운동의 범위는 다음과 같은 구체적인 기준에 따라 판단하는 것이 타당하다.
  '선거운동'은 특정 선거에서 특정 후보자의 당선 또는 낙선을 도모한다는 목적의사가 객관적으로 인정될 수 있는 행위를 말하는데, 이에 해당하는지는 행위를 하는 주체 내부의 의사가 아니라 외부에 표시된 행위를 대상으로 객관적으로 판단하여야 한다. 따라서 행위가 당시의 상황에서 객관적으로 보아 그와 같은 목적의사를 실현하려는 행위로 인정되지 않음에도 행위자가 주관적으로 선거를 염두에 두고 있었다거나, 결과적으로 행위가 단순히 선거에 영향을 미친다거나 또는 당선이나 낙선을 도모하는 데 필요하거나 유리하다고 하여 선거운동에 해당한다고 할 수 없다. 또 선거 관련 국가기관이나 법률전문가의 관점에서 사후적 · 회고적인 방법이 아니라 일반인, 특히 선거인의 관점에서 행위 당시의 구체적인 상황에 기초하여 판단하여야 하므로, 개별적 행위들의 유기적 관계를 치밀하게 분석하거나 법률적 의미와 효과에 치중하기보다는 문제된 행위를 경험한 선거인이 행위 당시의 상황에서 그러한 목적의사가 있음을 알 수 있는지를 살펴보아야 한다.
  위와 같은 목적의사는 특정한 선거에 출마할 의사를 밝히면서 그에 대한 지지를 부탁하는 등의 명시적인 방법뿐만 아니라 당시의 객관적 사정에 비추어 선거인의 관점에서 특정 선거에서 당선이나 낙선을 도모하려는 목적의사를 쉽게 추단할 수 있을 정도에 이른 경우에도 인정할 수 있다. 위와 같은 목적의사가 있었다고 추단하려면, 단순히 선거와의 관련성을 추측할 수 있다거나 선거에 관한 사항을 동기로 하였다는 사정만으로는 부족하고 특정 선거에서의 당락을 도모하는 행위임을 선거인이 명백히 인식할 만한 객관적인 사정에 근거하여야 한다. 그러한 목적의사를 가지고 하는 행위인지는 단순히 행위의 명목뿐만 아니라 행위의 태양, 즉 행위가 행하여지는 시기·장소·방법 등을 종합적으로 관찰하여 판단하여야 한다. 특히, 공직선거법이 선거일과의 시간적 간격에 따라 특정한 행위에 대한 규율을 달리하고 있는 점과 문제가 된 행위가 이루어진 시기에 따라 동일한 행위라도 선거인의 관점에서는 선거와의 관련성이 달리 인식될 수 있는 점 등에 비추어, 행위를 한 시기가 선거일에 가까우면 가까울수록 명시적인 표현 없이도 다른 객관적 사정을 통하여 당해 선거에서의 당선 또는 낙선을 도모하는 의사가 있다고 인정할 수 있으나, 선거가 실시되기 오래전에 행해져서 시간적으로 멀리 떨어진 행위라면 단순히 선거와의 관련성을 추측할 수 있다는 것만으로 당해 선거에서의 당락을 도모하는 의사가 표시된 것으로 인정될 수는 없다.
선거운동은 대상인 선거가 특정되는 것이 중요한 개념표지이므로 문제된 행위가 특정 선거를 위한 것임이 인정되어야만 선거운동에 해당하는데, 행위 당시의 상황에서 특정 선거의 실시에 대한 예측이나 확정 여부, 행위의 시기와 특정 선거일 간의 시간적 간격, 행위의 내용과 당시의 상황, 행위자와 후보자의 관계 등 여러 객관적 사정을 종합하여 선거인의 관점에서 문제된 행위가 특정 선거를 대상으로 하였는지를 합리적으로 판단하여야 한다. 한편 정치인은 누구나 기회가 오면 장래의 적절한 선거에 출마하여 당선될 것을 목표로 삼고 있는 사람이고, 선거운동은 특정한 선거에서 당락을 목표로 하는 행위이므로, 문제된 행위가 특정 선거를 위한 것이라고 인정하려면, 단순히 어떤 사람이 향후 언젠가 어떤 선거에 나설 것이라는 예측을 할 수 있는 정도로는 부족하고, 특정 선거를 전제로 선거에서 당락을 도모하는 행위임을 선거인이 명백히 인식할 수 있는 객관적 사정이 있어야 한다.
정치인이 일상적인 사회활동과 통상적인 정치활동의 일환으로 선거인과 접촉하여 자신의 인격에 대한 공감과 정치적 식견에 대한 찬성과 동의를 구하는 한편, 그들의 의견을 청취·수용하여 지지를 받을 수 있는 정책을 구상·수립하는 과정을 통하여 이른바 인지도와 긍정적 이미지를 제고하여 정치적 기반을 다지는 행위에도 위와 같은 판단 기준이 그대로 적용되어야 한다. 따라서 그와 같은 일상적인 사회활동과 통상적인 정치활동에 인지도와 긍정적 이미지를 높이려는 목적이 있다 하여도 행위가 특정한 선거를 목표로 하여 선거에서 특정인의 당선 또는 낙선을 도모하는 목적의사가 표시된 것으로 인정되지 않는 한 선거운동이라고 볼 것은 아니다.
문제된 행위가 단체 등을 통한 활동의 모습으로 나타나는 경우에는 단체 등의 설립 목적과 경위, 인적 구성, 활동의 시기, 방법, 내용과 규모 등을 추가적으로 고려하여 활동이 특정 선거에서 특정인의 당선 또는 낙선을 도모하는 목적의사에 따라 행해진 것이라는 점이 당해 선거인의 관점에서 객관적으로 인정되는지를 살펴보아야 한다. 단체 등의 목적 범위 내에서 통상적으로 행해지는 한도에서는 특별한 사정이 없는 한 그러한 활동이 특정인의 당선 또는 낙선을 목적으로 한 선거운동이라고 보아서는 아니 되고, 단체의 목적이나 활동 내용이 정치 이외의 다른 전형적인 사회활동을 하는 단체가 갖는 특성에 딱 들어맞지 않는다는 이유만으로 단체의 활동을 선거운동에 해당한다고 단정하여서도 아니 된다고 하면서 '미래포럼'이라는 사조직을 설립하여 지지후보자를 위한 정책세미나 등을 여러 차례 개최한 사안에서, 설립시기가 선거일로부터 약 1년 6개월 전이고 외부적으로 명백히 특정 후보에 대한 지지를 호소한 바 없다고 하여 무죄를 선고한 사례(대법원 2015도11812)

※ 이 판례는 선거운동에 대한 개념표지를 제한하여 결과적으로 선거운동의 자유를 확대한 판례로 의미가 있음

- 인터넷 공간에서의 선거활동을 목적으로 하여 인터넷 카페 등을 개설하고 인터넷 회원 등을 모집하여 일정한 모임의 틀을 갖추어 이를 운영하는 경우에, 이러한 인터넷상의 활동은 정보통신망을 통한 선거운동의 하나로서 허용되어야 하며, 이를 두고 공직선거법상 사조직에 해당한다고 보기 어렵다. 나아가 위와 같은 인터넷 카페 개설을 위하여 별도로 준비모임을 갖거나 카페 개설 후 일부 회원들이 오프라인에서 모임을 개최하였다 하더라도, 그러한 모임이 인터넷 카페 개설 및 그 활동을 전제로 하면서 그에 수반되는 일시적이고 임시적인 성격을 갖는 것에 그친다면 역시 공직선거법상 사조직에 해당한다고 단정할 수 없고, 이를 넘어서서 인터넷상의 카페 활동과 구별되는 별도의 조직적인 활동으로서 공직선거법상 사조직을 갖춘 것으로 볼 수 있는지 여부는 해당 인터넷 카페의 개설 경위와 시기, 구성원 및 온라인과 오프라인상 활동 내용 등 제반 사정들을 종합하여 판단하여야 하고 이와 같은 해석은 특정 선거와 관련하여 후보자 또는 후보자가 되고자 하는 자를 위하여 인터넷상에 카페를 개설하는 경우에도 마찬가지라고 하면서 '○사모' 및 인터넷 카페 '△△△사람들'이 동조 사조직에 해당하지 않는다고 한 사례(대법원 2013도2190)

- '선거운동'은 공직선거에서의 당선 또는 낙선을 위한 행위를 말하고, 공직선거에 출마할 정당 추천 후보자를 선출하기 위한 당내경선에서의 당선 또는 낙선을 위한 행위는 '선거운동'에 해당하지 아니하며, 다만 당내경선에서의 당선 또는 낙선을 위한 행위라는 구실로 실질적으로는 공직선거에서의 당선 또는 낙선을 위한 행위를 하는 것으로 평가할 수 있는 예외적인 경우에 한한다고 하면서, 경선대책위나 ○○사랑여성회가 민주통합당 당내경선에 대비한 모바일 경선인단을 모집하면서 피고인에 대한 지지를 호소한 행위를 하였다고 하여 공직선거법 소정의 유사기관설치 행위로 볼 수 없다고 한 사례(대법원 2012도12172)

  ※ 이 사안에서 대법원은 공직선거법 제255조 제2항, 제3항(경선운동방법위반죄)에 해당 여부는 판단하지 않았음

❷ 호별방문제한 위반

- 피고인이 군청 내 각 사무실을 방문하여 지지를 호소한 사안에서 관공서 사무실은 민원인이 민원 업무를 전담하는 민원봉사실을 먼저 들러 민원을 해결하지 못하면 담당직원의 안내를 거쳐 방문하는 것이 보통이므로 관공서의 각 사무실은 일반적·통상적으로 민원인을 위하여 개방된 장소나 공간이라고 볼 수 없다며 호별방문 제한위반죄를 인정한 사례(대법원 2015도9847)

❸ 당내경선운동 방법제한 위반

- 선거캠프의 관계자들이 지인 명단을 제출하고 이를 취합하여 정리하는 방식으로 이루어지는 '지인찾기' 운동은 선거운동기간에 문자를 발송하기 위하여 미리 명단을 확보하는 것으로서, 이는 경선운동을 위한 준비행위에 불과한 것으로 볼 수 있으나,
  선거운동을 배가시키고 우호적인 사람들에게 경선후보자의 지지를 호소하면서 성명, 연락처, 주소 등을 제출받아 이를 취합하여 정리하는 방식으로 이루어진 '1만 서포터즈 모집' 행위는 경선후보자를 도지사 후보로 선출되게 하려는 목적으로 한 행위로 '1만 서포터즈 모집'과 관련하여 선거구민을 직접 만나서 후보자에 대하여 우호적인지 여부를 확인하고, 우호적인 사람들에게 후보자에 대한 지지를 호소하였다면, 이는 경선운동에 해당한다고 한 사례(대법원 2015도3953)

참고 2 허용 · 금지 사례(중앙선거관리위원회 선거연수원)

❶ 사조직 및 유사기관 설치 금지

Ⓞ 허용사례

- 선거와 관련 없는 순수 목적의 연구소 등의 개설행위
- 입후보 및 선거운동 준비를 위한 사무실 개설행위. 단 예비후보자로 등록하여 선거법에서 허용하는 간판 등을 설치하는 경우에는 선거준비를 위한 사무소에 간판 등을 설치할 수 없음
- 각종 단체 등이 선거와 관련 없이 당초의 설립목적에 따른 활동이나 행사를 개최하는 행위
- 선거운동기간 중 후보자의 집에서 자원봉사자가 전화홍보를 하는 행위. 단 선거사무소로 신고되지 않은 후보자의 집이나 사무실 등 선거사무소외에 별개의 공간에서 선거운동을 위한 전화를 증설하고 증설된 전화를 이용하여 선거운동을 할 수 없음
- 선거운동기간 중 단체의 회원(선거운동을 할 수 있는 사람)이 자신이 지지하는 후보자를 위하여 그 사무소에 설치된 전화 · 컴퓨터 등을 이용하여 선거운동을 하는 행위. 단 단체의 사무소에 별도의 전화 · 컴퓨터를 증설하여 선거운동을 하는 경우에는 위반
- 후보자가 되려는 산악회의 회원이 순수하게 등산 목적의 산악회 회장으로 취임하는 행위

Ⓧ 금지사례

- 다른 목적으로 설립된 조직 등을 선거운동 또는 선거에 관한 사무를 처리하는 조직으로 변질시키거나 그 조직을 선거운동에 이용하는 행위
- 정당 또는 후보자에 대한 지지 · 선전 등 선거운동을 하도록 약속 · 권유하기 위해 위촉장 · 신분증명서 등을 발급하는 행위
- 단체 등이 그 구성원에게 후보자가 되려는 사람의 정견이나 업적을 교육시키거나 홍보하는

행위 또는 후보자가 되려는 사람의 지지에 동원하는 행위
- 후보자를 지지하는 사람이 자신이 경영하는 기업체 사무실에서 선거운동을 위하여 동원한 대학생들을 대상으로 선거운동을 지휘하고 선거운동 연습장소 등으로 사용하게 한 행위(대전지방법원 1996. 8. 8. 선고 96고합26)
- 비록 같은 건물 같은 층에 있다고 하더라도 관할 선관위에 신고한 공간을 벗어나 별도로 구획된 시설에 추가로 선거사무소와 유사한 기구를 설치한 행위(대전고등법원 2006. 10. 13. 선고 2006노344)
- 아르바이트 홍보요원을 고용하여 선거사무소가 아닌 장소에 상근시키면서 선거구민을 대상으로 특정 후보자의 홍보전화를 하도록 한 행위(대법원 2007. 6. 29. 선고 2006노8747)
- 연구소를 설립한 후 300여명의 후원조직을 만들고, 인지도와 지지도 확대를 위한 선거 관련 회의 개최, 입당원서 전달, 각종 단체 행사 일정 파악, 후보자가 방문하여 지지를 부탁하는 인사를 하도록 한 행위(대구지방법원 2010. 5. 19. 선고 2010고합91)

❷ 호별방문 금지

[O] 허용사례
- 다수인이 왕래하는 공개된 장소인 전철역 지하상가에서 선거운동을 할 수 있는 자가 선거운동기간 중에 정당 또는 후보자에 대한 지지를 호소하는 행위
- 당원협의회의 대표자나 소속 당직자, 입당을 추천하는 소속 당원이 선거기간이 아닌 때에 신규 당원의 거주지를 방문하여 당원증과 의례적인 내용의 입당축하편지를 당원에게 전달하는 행위

[X] 금지사례
- 아파트 다수의 세대를 연속적으로 돌아다니면서 인터폰 상으로 또는 인터폰을 통하여 밖으로 나오게 한 후 특정 후보자에 대한 지지를 부탁한 행위(서울북부지원 2002. 8. 30. 선고 2002고합308)
- 후보자의 배우자가 선거구 내 아파트 다수의 세대를 아파트관리인과 함께 방문하여 아파트 관리인이 후보자의 배우자를 소개하고 후보자의 배우자는 "잘 부탁드립니다"라고 인사하며 지지를 호소한 행위(광주지방법원 장흥지원 2010. 11. 19. 선고 2010고합35)
- 후보자의 아들과 자원봉사자가 선거구 내 병원의 병실을 방문하여 입원환자에게 후보자의 명함을 교부하고 지지를 호소한 행위(춘천지방법원 원주지원 2012고합86)
- 예비후보자가 군청, 경찰서 등의 다수의 사무실을 방문하여 각 사무실에 근무하는 공무원에게 명함 교부 및 지지 호소를 한 행위(대구지방법원 포항지원 2014. 5. 19. 선고 2014고합29)
- 예비후보자가 학교 교무실, 교실 및 관공서 사무실, 지방법원장 부속실과 지방검찰청 지청장 부속실 등 다수의 사무실을 방문하여 명함을 돌리고 지지를 호소하는 행위(대법원 2015. 9. 10. 선고 2014도17290)

Chapter 07

선거비용 부정지출 등 죄

I. 개 요

종전 공직선거법은 제258조에 「선거비용 초과지출죄(법 제258조 제1항 제1호)」를 비롯하여 「회계보고서 허위제출 등 죄」 및 「선거비용 관련 각종 의무위반죄」를 규정하고 있었으나 2005. 8. 4. 공직선거법 개정으로 선거비용 초과지출죄를 제외한 나머지 벌칙조항은 정치자금법으로 통합하였다.

법은 선거자금의 수입·지출을 담당하는 전담 회계책임자를 두고 회계책임자를 선거관리위원회에 의무적으로 신고하도록 하는(정치자금법 제34조) 한편, 회계책임자가 신고된 예금계좌를 통해 선거자금의 수입·지출을 하도록 하며(동법 제36조), 회계장부의 비치를 강제(동법 제37조)하여 선거비용 관리의 투명성을 제고하고 회계장부를 허위·위조·변조하거나 법정 선거비용제한액을 초과하는 경우에 벌칙을 부과함으로써 금권선거를 방지하고 있다.

선거사무장 또는 회계책임자가 선거비용 부정지출 등의 죄로 벌금 300만원 이상의 형이 확정되면 당선인의 당선이 무효되므로 후보자는 동 규정위반 여부에 대해 특히 주의하여야 한다.

1. 공직선거법 규정 분설

(1) 선거비용 초과지출죄(법 제258조 제1항 제1호)

- 주체 : 정당 · 후보자 · 선거사무장 · 선거연락소장 · 회계책임자 또는 회계사무보조자
- 행위 : 선거비용제한액의 공고의 규정에 의하여 공고한 선거비용제한액의 200분의 1 이상을 초과하여 선거비용을 지출
- 처벌 : 5년 이하의 징역 또는 2,000만원 이하의 벌금

(2) 회계보고서 허위제출 등 죄(정치자금법 제49조 제1항)

- 주체 : 회계책임자
- 행위 : 정당한 사유 없이 선거비용에 대하여 회계보고를 하지 아니하거나 허위기재 · 위조 · 변조 또는 누락
- 처벌 : 5년 이하의 징역 또는 2,000만원 이하의 벌금(법 제255조 제1항 제17호)

(3) 선거비용 관련 각종 의무위반죄(정치자금법 제49조 제2항)

- 위반행위 :
  ❶ 정치자금 실명 기부 · 지출의무 위반
  ❷ 회계책임자 및 예금계좌 신고의무 위반
  ❸ 신고된 회계책임자 및 예금계좌를 통한 수입 · 지출의무 위반
  ❹ 회계책임자에게 통지의무 위반
  ❺ 회계장부의 비치 및 기재의무 위반
  ❻ 영수증 등 증빙서류의 허위기재 · 위조 · 변조
  ❼ 예금통장 사본 제출의무 위반
  ❽ 선거관리위원회의 보고 또는 자료제출 요구 불응 또는 허위기재
  ❾ 회계장부의 인계 · 보존 의무 위반
- 처벌 : 5년 이하의 징역 또는 2,000만원 이하의 벌금

2. 선거비용 부정지출죄 및 정치자금법위반죄 사례

제19대 국회의원선거에서는 2건이 기소되어 모두 당선무효형이 선고되었다. 제20대 총선에서는 3건이 기소되어 1건의 당선무효형과 2건의 무죄가 선고되었으며, 제21대는 2건이 기소되어 모두 당선무효형이 선고되었다.

(1) 제19대 국회의원선거

[미신고 계좌 선거비용 지출 사건] 징역 6개월, 집행유예 2년

· 후보자가 회계책임자에게 선거관리위원회에 신고하지 않은 계좌로 송금하고 회계책임자는 현금으로 인출하여 인쇄비 · 식비 등을 지출한 사건

사안

피고인 B는 2012. 2. 6.경 나주 영산포농협 ○○지점에서, 선거사무실에서 필요한 현금을 지출하라는 명목으로 피고인 A에게 200만원을 송금하고, 회계책임자인 피고인 A는 위 돈을 인쇄소에 인쇄비 명목으로 857,000원을 지출한 것을 비롯하여 그 외 선거운동원 식비, 인건비 등을 현금으로 지출한 사안

판단

후보자인 피고인 B는 회계책임자인 피고인 A에게 선거사무실 운영과정에서 나중에 선거운동비용으로 정산할 수 없는 소소한 비용으로 쓰라고 준 것으로 선거운동과 관련한 금원이 아니라고 주장하였으나, 후보자가 회계책임자에게 주는 선거사무실에서 사용되는 잡비라면 선거관리위원회에 신고된 예금계좌를 통하여 교부하여야 한다고 보아 당선무효형을 선고한 사례

[해운조합 불법 정치자금 수수 사건]
징역 6개월, 집행유예 1년, 벌금 300만원, 추징금 8,065만원

· 기업에게 의원의 경제특보 급여를 대납하게 하여 불법 정치자금을 수수한 사건

사안

S기업에게 자신의 경제특보의 급여를 대납하게 해 2009년 8월경부터 2010년 3

월경까지 총 7회에 걸쳐 1,515만원을 지급받아 불법 정치자금을 수수하고, 자신이 이사장인 사단법인 한국○○연구원으로 하여금 자신의 후원회 회계책임자의 급여를 대납하게 해 2012년 7월부터 2014년 7월까지 총 25회에 걸쳐 6,250만원을 받아 불법 정치자금을 수수하였으며, 사료제조업체에 자신이 영업고문 직함을 내걸고 2008년 2월부터 2012년 7월까지 총 54회에 걸쳐 고문 급여명목으로 1억 805만원을 수수하는 한편, 기초의원 공천을 받으려는 자신의 비서가 국회사무처로부터 수령한 급여를 다시 돌려받는 방법으로 2012년 10월경부터 2014년 1월경까지 총 3,100만원의 불법 정치자금을 수수하고, 자신이 근무했던 ○○제당 회장으로부터 2003년 8월경 3억 3,000만원, 2007년 8월경 2억 8,000만원을 각 차명계좌를 통해 불법 정치자금으로 수수한 뒤 분산출금 등의 방법으로 현금화하여 자신의 아들 집 등에 은닉하는 한편, 제19대 국회의원 선거에서 자신의 선거운동을 돕다가 과태료를 부과받은 2명의 과태료 210만원을 대납한 혐의로 기소된 사안

판단

1심은 자신이 이사장으로 있는 사단법인 한국○○연구원에서 차량 리스료 2,100만원을 받은 혐의와 불법 정치자금 은닉 혐의 등을 무죄로 판단하여 징역 8월에 집행유예 2년을 선고하였으나, 2심은 사료업체에서 고문료 명목으로 받은 1억 805만원과 한국○○협회로부터 지원받은 해외시찰 비용 2억 7천50여만원, 과태료 대납 혐의도 무죄로 변경하고 징역 6월에 집행유예 1년을 선고하였고, 대법원도 2심과 동일하게 판단한 사례

시사점

주식회사에서 급여 명목으로 정치자금을 받은 경우, 예비후보자로 등록하기 전까지는 피고인이 '정치활동을 하는 자'에 해당한다고 단정하기 어렵다고 하여 무죄로 판단한 사례

(2) 제20대 국회의원선거

(가) 당선무효형

[회계책임자 회계보고누락 사건] 회계책임자 징역 8월, 집행유예 1년 확정

사안

선거 캠프 임모씨와 선거운동원 B씨는 전화홍보 자원봉사자 9명에게 1인당 하루 8만원 정도씩 수당 819만원을 제공하고도 회계보고에 누락하고 문자메시지 발송비 650만원, 여론조사비 1,000만원 등 총 2,469만원을 선거관리위원회에 신고한 계좌를 통하지 않고 지급하여 회계보고에 누락하였다는 혐의로 기소된 사안

판단

회계책임자는 공정하고 투명한 선거에 대한 국민 신뢰를 지키기 위해 선거비용과 정치자금을 투명하게 운영해야 함에도 2,469만원을 탈법적으로 지출하고 회계보고를 고의로 누락하였고 공정선거를 위해 선거관계자에게 금품제공을 제한하고 있는데도 등록도 하지 않은 홍보원에게 수당을 줘 선거 공정성을 크게 훼손했으며 증거 인멸까지 시도한 점 등 죄질이 좋지 않다고 하여 당선무효형을 선고한 사례

시사점

회계책임자가 징역형이 확정되어 후보자의 당선이 무효가 된 사건

(나) 무죄

[국민의당 리베이트 사건] 무죄 확정

사안

총선을 앞두고 선거공보물 제작 업체 '비컴'과 TV 광고 대행사 '세미콜론'으로 하여금 2억 1,620여만원을 '국민의당 TF'에 지급하도록 하고 리베이트 비용까지 선거에 사용한 것처럼 중앙선거관리위원회에 허위로 보전청구를 해 1억 620만원을 받고, 검찰이 수사에 착수하자 범죄사실을 숨기기 위해 허위 계약서를 작성하였다고 기소된 사건

판단

리베이트 제공 약속이 있었다는 사실이 합리적 의심 없이 증명됐다고 보기 어렵고 브랜드호텔이 실제 행한 용역대가로 받았다고 봐야 한다며 리베이트 지급을 전제로 한 공소사실은 리베이트 수수 증명이 없는 한 범죄 증명이 없는 경우에 해당하고, 브랜드호텔과 비컴·세미콜론 간 계약이 허위라고 한 자백 취지의 증인의 진술에 일관성이 없다며 모두 무죄를 선고한 사례

※ 정치자금법 등 참고 사례

[보좌관 급여 반납 사건1]
징역 2년, 집행유예 3년, 벌금 500만원, 추징금 2억 3,909만원 확정

사안

2008년부터 2016년까지 자신의 보좌진 등의 월급을 일부 반납받아 지역구 사무실 운영비 등으로 사용하는 등 2억 3천여만원 상당의 정치자금을 부정 수수한 것에 관여하고 경조사 명목으로 약 290만원을 기부하였다는 혐의로 기소된 사안

판단

1심은 피고인이 보좌직원, 회계책임자 급여를 매월 정기적으로 각 사무실 별도 보관계좌에 이체해 두는 등 매우 체계적인 방법으로 정치자금을 불법수수하였고, 수사가 시작된 이후 관련자들에게 허위진술을 직접 요구하기도 했으며 법정에서 관련자들의 진술과 객관적인 증거에도 불구하고 다른 직원들에게 책임을 전가하려는 태도를 보이고 있다며 징역 2년 6개월, 집행유예 4년, 벌금 500만원, 추징금 2억 8천 700여만원 선고하였으나, 2심과 대법원은 이 가운데 월급 대납 및 급여 불법수수로 인한 정치자금법 위반 일부에 대해 무죄로 판단하고 피고인이 부정축재의 목적으로 정치자금의 부정수수 범행을 저지른 것으로 보이지 않고 다른 국회의원들의 잘못된 관행을 답습한 것으로 보이는 점 등을 고려해 징역 2년, 집행유예 3년, 벌금 500만원, 추징금 2억 3,909만원을 선고한 사례

[보좌관 급여 반납 사건2]
징역 1년 6개월, 집행유예 3년, 사회봉사 200시간, 추징금 2억 6,137만원(정치자금 불법수수 부분) 및 징역 6개월, 집행유예 3년(그 외 부분)

사안

국회의원 재직시절인 2011년 7월부터 2015년 12월까지 보좌관 3명의 월급 약 2억 4,600만원을 돌려받아 국회에 등록되지 않은 다른 직원의 급여와 사무소 운영비 등으로 사용하고 고교동문인 사업가로부터 2011년 5월경 1,500만원을 후원금 명목으로 수수하는 한편, 선거관리위원회에 신고한 예금계좌를 통해 써야 하는 정치자금을 회계 처리하지 않고, 회계보고를 누락하였다는 혐의로 기소된 사안

판단

이런 범행을 관대하게 처벌하면 결국 국회의원들에게 이런 행위를 계속하라는 것밖에 안 된다며 피고인이 비록 정치적으로 많은 업적을 쌓았고 지역사회에서도 존경받는 정치인이지만 정치자금 부분에 대해서는 맑고 투명한 관행을 세울 필요가 있다며 당선무효형을 선고한 사례

(3) 제21대 국회의원선거

[선거비용지출초과, 회계보고 누락 사건] 회계책임자 벌금 1,000만원 확정

사안

선거운동 기간에 총 66회에 걸쳐 비공식 후원금 4,771만원을 모금(정치자금 부정수수)하고 연간 1억 5천만원으로 정해진 후원금을 초과하여 4,848만원을 더 모금(후원금 모금한도 초과 모금)하였고, SNS 선거홍보비용과 선거운동원 35명, 연설원 2명, 사회자 1명에게 비공식후원금에서 현금을 지급하여 공직선거법(매수 및 이해유도 행위, 선거비용 초과지출)과 정치자금법(회계책임자가 아닌 자의 정치자금·선거비용 지출)을 위반한 혐의 및 회계책임자가 선거비용 관련 회계보고를 제출하면서 3,058만원 상당의 선거비용 지출내역을 누락하여 정치자금법을 위반하였다는 혐의로 기소된 사안

판단

당선자 본인에 대해서는 증거 부족으로 무죄(일부 면소)를 선고하였으나 회계책임자에 대해서는 공소사실인 선거비용 지출 초과가 명백하고 회계보고 누락도 인정되며 혐의 인정이나 반성 없이 다른 피고인에게 책임을 전가하는 등 죄질이 좋지 않고 당선 이후에도 채용돼 계속 함께 일하는 등 (회계 누락에 대한) 대가를 받았다고 볼 수 있고, 동종 전과도 있는 점을 참작했다며 벌금 1,000만원을 선고한 사례

시사점

회계책임자가 300만원 이상의 벌금형이 확정되어 당선무효된 사례

[회계책임자 셀프 고발 사건] 징역 2년(선거법 1년, 개인정보보호법 1년), 추징금 3,030만원 확정

사안

비공식 선거운동원 활동비 1,500만원, 비공식 선거운동원 명함비 127만 6,000원 등을 지출 후 법정선거비용을 516만원 초과하고, 회계책임자에게 2,000만원을 수수하는 한편, 승용차 렌트비 780만원을 대납하고 회계보고 1,627만원 기재를 누락하였으며 청주시자원봉사센터 3만 1,300명 명단 유출하였다는 혐의로 기소된 사안

판단

금품이 선거사무소 내 구성원 사이에서만 오갔고 선거에 미치는 영향은 크지 않았던 것으로 보이나, 주고받은 금품의 합이 4,000만원을 넘어 공직선거법 입법 취지를 고려하면 엄벌이 불가피하고 조사 과정에서 검찰 출석에 불응하였으며 1심과 2심에 이르기까지 범행 전부를 부인하며 반성하지 않는 모습을 보이는 점 등을 종합해 당선무효형을 선고한 사례

참고

피고인의 선거캠프 회계책임자가 회계장부, 녹취록, 휴대전화 등 증거 자료를 가지고 검찰에 고발한 사건

참고 1 다른 선거에서의 선거자금 부정지출 등 사례

- 피고인이 농산물도매시장에서, 570,000원의 과일을 구입하면서 대금을 현금으로 지급하여 실명이 확인되지 아니하는 방법으로 선거비용을 지출하고, 회계책임자가 아닌 피고인이 인터넷뱅킹의 방법으로 선거비용 26,492,109원을 지출하였으며, 선거관리위원회에 신고된 계좌가 아닌 다른 계좌의 자금 190,000원을 선거사무실의 5월분 전화요금과 수도세 등 공과금 명목으로 선거사무실 임대인 공소외 2에게 계좌이체 방법으로 송금하여 유죄가 인정된 사례(대법원 2007도6937)

- 후보자는 회계책임자를 선임·신고하기 전까지는 선거비용의 수입과 지출을 위한 예금계좌를 개설하여 신고할 의무가 있다고 할 수 없으므로, 후보자가 회계책임자를 선임·신고하기 전에 예금계좌를 개설·신고하지 아니한 채 선거비용의 수입과 지출을 하였다고 하더라도 그 행위를 공직선거법 제258조 제2항 제1호, 제127조 제2항을 적용하여 처벌할 수 없다고 한 사례(대법원 96도1030)

- "공직선거법 제258조 제1항 제1호의 선거비용 초과지출로 인한 공직선거법 위반죄는 정당·후보자·선거사무장·선거연락소장·회계책임자 또는 회계사무보조자만이 범죄의 주체가 될 수 있고, 정치자금법 제49조 제1항의 회계보고 누락으로 인한 정치자금법 위반죄는 회계책임자만이 범죄의 주체가 될 수 있으며, 위 각 조항에서 회계책임자는 공직선거법에서 정한 절차에 따라 선거관리위원회에 신고된 자를 말한다. 한편 신분관계로 성립될 범죄에서 신분 없는 자는 신분 있는 자와 공범으로서만 처벌할 수 있을 뿐 단독정범으로서 처벌할 수는 없다. 검사는 회계책임자의 신분 있는 A와 회계책임자의 신분 없는 피고인(후보의 배우자)을 공범으로 보고 공소를 제기하였다. 그런데 A에 대하여 위에서 본 바와 같이 무죄로 판단하므로 피고인을 A와 공범으로 처벌할 수 없고, 달리 피고인에게 위 각 조항에 규정된 신분이 있다는 것을 인정할 증거도 없어 피고인을 단독정범으로 처벌할 수도 없다"고 한 사례(대법원 2015도5885)

- 공직선거법 제258조에서 선거비용이라 함은 당해 선거에서 선거운동을 위하여 소요된 금품, 채무 기타 모든 재산상의 가치를 말하는 것으로서 실제 금품이 지급된 시기가 선거가 끝난 뒤라 하더라도 그 발생원인이 선거일 이전의 선거운동으로 인한 것이라면 이는 선거비용에 포함된다고 할 것이다. 원심판결이 선거가 끝난 뒤에 지출된 것으로서 선거비용에 포함시킨 1996. 4. 30.자 전화료 1,330,050원, 1996. 5. 1.자 유인물 대금 및 로고송 대금 미지급금 240,000원은 모두 그 발생원인이 선거기간 중의 선거운동으로 인한 것인 사실을 인정할 수 있으므로 원심판결에는 잘못이 없다고 한 사례(서울고등법원 97노611)

참고 2 허용 · 금지 사례(중앙선거관리위원회 선거연수원)

❶ 정치자금법 일반

[O] 허용사례

- 공직선거 입후보, 정당의 당대표 경선 등 관련 비용, 정당의 공직 후보자추천 심의를 위한 심의료, 경선기탁금을 정치자금으로 지출하는 행위
- 예비후보자가 자신의 홈페이지를 통하여 정치자금을 공개적으로 차입하는 행위. 단 금융기관의 대출금리 또는 법정이자율 등 통상적인 이자율과 비교하여 현저히 낮은 이자율로 차입하는 것은 위반
- 국회의원이 정치자금으로 소속 보좌관 · 비서관이나 그 배우자 또는 직계존비속의 결혼이나 사망 시 통상적인 범위에서 축 · 부의금품을 제공하거나 소속 보좌직원의 생일에 화환을 제공하는 행위
- 후원회를 둔 국회의원의 보좌관 · 비서관이 의례적으로 교부하는 명함에 후원금 모금을 위하여 후원회지정권자인 국회의원의 사진과 후원금 모금 계좌를 게재하는 행위
- 국회의원이 의정활동의 일환으로 참여하고 있는 '의정포럼' 운영회비를 정치자금에서 지출하는 행위

[X] 금지사례

- 개인이 후원회를 통하지 아니하고 후보자가 되려는 사람에게 정치자금을 직접 기부하는 행위
- 후원인이 후원회지정권자에게 직접 기부하는 경우 1회 120만원을 초과하는 후원금을 실명이 확인되지 아니하는 방법으로 기부하는 행위
- 후보자 또는 후보자가 되려는 사람이 직접 정치자금 대여자로부터 차입금을 후원금으로 전환하기로 동의를 받고 정치자금을 차입하는 행위
- 국회에서 보수를 지급받는 별정직공무원인 보좌관 · 비서관에게 정치자금으로 별도의 보수를 지급하는 행위
- 단체가 공직선거에 입후보하려는 특정 정치인의 정치적 기반을 다지기 위한 각종 행사 등 정치활동을 하면서 단체의 활동과 운영에 필요한 비용으로 사용하기 위하여 불특정 다수의 사람들로부터 회비를 받는 행위(대법원 2017. 11. 14. 선고 2017도3449)
- 연구소를 설립한 후 300여명의 후원조직을 만들고, 인지도와 지지도 확대를 위한 선거 관련 회의 개최, 입당원서 전달, 각종 단체 행사 일정 파악, 후보자가 방문하여 지지를 부탁하는 인사를 하도록 한 행위(대구지방법원 2010. 5. 19. 선고 2010고합91)

❷ 회계책임자

[O] 허용사례

- 회계책임자 선임권자가 회계책임자의 관리 · 통제 아래 정치자금 지출을 위해 신고된 예금계

좌를 결제계좌로 하는 체크카드 · 신용카드로 정치자금을 지출하는 행위
- 예비후보자등록 전부터 자동이체를 통해 납부해 온 당비를 지출하는 행위
- 회계책임자가 직접 지출원인행위를 한 다음 그에 따른 영수증 등 증빙서류를 회계사무보조자에게 주어 인터넷뱅킹을 통한 계좌이체방식으로 선관위에 신고된 계좌에서 해당 증빙서류에 기재된 대로 송금하도록 한 행위(대법원 2007. 11. 22. 선고 2007도6937)

☒ 금지사례
- 후원회를 둔 공직선거 후보자 · 예비후보자의 회계책임자가 후원회등록 전 지출원인이 발생한 여론조사비용을 후원회로부터 기부받은 후원금으로 지출하는 행위
- 회계책임자가 선거사무관계자의 수당 · 실비를 해당 선거사무관계자가 지정한 금융기관의 예금계좌가 아닌 현금으로 지급한 행위(수원지방법원 평택지원 2004. 12. 14. 선고 2004고합118)
- 회계책임자가 아닌 선거연락소장이 중앙당이 지원금을 자신의 계좌로 송금받는 등의 방법으로 정치자금을 수입 · 지출하는 행위(전주지방법원 2005. 5. 2. 선고 2005노257)
- 후보자가 선관위에 신고된 통장 외에 차명계좌를 이용하여 정치자금을 수입 · 지출한 행위(서울고등법원 2005. 6. 21. 선고 2005노250)
- 정치자금 지출용 계좌를 여러 개 개설하는 행위

Chapter 08
기타 공직선거법 위반

I. 선거를 위한 위장전입

1. 공직선거법 규정

공직선거법 제247조(사위등재 · 허위날인죄) 제1항은 "특정선거구에 투표할 목적으로 선거인명부작성기준일 전 180일부터 선거인명부작성만료일까지 주민등록에 관한 허위의 신고를 한 자는 3년 이하의 징역 또는 500만원 이하의 벌금에 처한다"고 규정하고 있다.

2. 선거를 위한 위장전입 사례

[제18대 국회의원선거] 벌금 50만원 확정

사안

2008. 2월 선거출마와 투표를 목적으로 피고인과 자녀들을 선거구인 남동구에 위장 전입신고를 한 사안

[제20대 국회의원선거] 벌금 90만원 확정

사안

총선을 앞두고 동생 집으로 자신과 가족들의 주소를 이전하고(위장전입), 공직자

재산신고 때 32억원을 투자했던 아파트 미분양 물량의 채권 가치를 13억원으로 축소 신고하여 허위사실을 공표하였다는 혐의로 기소된 사안

판단

피고인의 아내와 아들, 딸 등 가족 3명의 통화내역 등을 살펴본 결과 새 주소지에서 거주한 것으로 보이지 않고 김 의원은 원래 주소지와 다른 선거구에서 공천을 받았고, 국회의원이 되려면 출마 지역에 거주해야 한다는 뜻을 배우자와 아들에게 전했으며 본인은 새 주소지에서 거주했지만 다른 가족들은 예전 주소에 머물렀다고 보고 주소지 이전과 총선 시기 등을 고려할 때 김 의원은 가족들과 주민등록 허위신고를 공모하였다며 벌금 90만원의 당선유효형을 선고한 사례

허위사실공표의 점은 재판과정에서 피고인의 자산 가치를 산정한 결과 신고액보다 적게 나와 피고인이 축소 신고했다고 볼 수 없다며 무죄를 선고한 사례

Ⅱ. 의정활동 보고기간 제한 위반

1. 공직선거법 규정

공직선거법 제111조(의정활동 보고) 제1항 단서는 "국회의원 선거일 전 90일부터 선거일까지 직무상의 행위 그 밖의 명목여하를 불문하고 의정활동을 인터넷 홈페이지 또는 그 게시판 · 대화방 등에 게시하거나 전자우편 · 문자메시지로 전송하는 외의 방법으로 의정활동을 보고할 수 없다"고 규정하고 있고 법 제256조(각종 제한 규정위반죄) 제3항의 벌칙규정에서 "2년 이하의 징역 400만원 이하의 벌금에 처한다"고 규정하고 있다.

2. 의정활동 보고기간 제한 위반죄 사례

[제19대 국회의원선거] 벌금 50만원 확정

사안

2012. 1. 16.부터 30. 사이에 지역구 주민센터들이 개최한 동정 보고회에 4차례

참석해 축사하며 의정활동을 보고하였다는 혐의로 기소된 사안

판단

당시 보고회에 피고인뿐 아니라 다른 예비후보들도 같은 기회를 갖고 축사를 했고 인터넷 홈페이지 등을 통한 의정활동보고는 무죄인 상황에서 피고인이 일부 주민이 모인 자리에서 의정활동을 발표한 것에 불과하므로 벌금 50만원의 선고유예 선고를 한 사례

Ⅲ. 여론조사 공표금지 위반

1. 공직선거법 규정

공직선거법은 제108조(여론조사의 결과공표금지 등) 제1항에 "누구든지 선거일 전 6일부터 선거일의 투표마감시각까지 선거에 관하여 정당에 대한 지지도나 당선인을 예상하게 하는 여론조사의 경위나 그 결과를 공표하거나 인용하여 보도할 수 없다"고 규정하고 있고 법 제256조(각종 제한규정위반죄) 제3항의 벌칙규정에서 "2년 이하의 징역 400만원 이하의 벌금에 처한다"고 규정하고 있다.

2. 여론조사 공표금지 위반죄 사례(제21대 국회의원선거)

[여론조사 결과 7명에게 전달 사건] 벌금 80만원 확정

사안

자신에게 유리하게 나온 여론조사 결과를 공표 금지 기간에 가족이나 지인 등 7명에게 메신저로 전달하였다는 혐의로 기소된 사안

판단

피고인이 반성하고 있고 메시지를 보낸 사람이 많지 않다는 점을 고려하여 당선유효형을 선고한 사례

[유튜브 발언 사건] 벌금 150만원 선고유예 확정

사안

총선을 앞두고 보수 유튜브 채널에 출연해 당시 자유한국당 경쟁 후보로 나선 A, B 후보들과 가상대결 구도로 실시한 여론조사에서 마치 자신이 크게 앞서는 것으로 비춰지는 발언(진행자가 "○○○이 무소속으로 나오면 ◇◇◇ 예비후보가 이기나"라는 질문에 "크게 이긴다"고 답)을 하는 등 여론조사 결과를 왜곡하여 공표하였다는 혐의로 기소된 사안

판단

피고인과 진행자의 대화에서 여론조사라는 단어가 사용됐고 여론조사를 연상하게 하는 가상대결 등의 내용이 있으며 실제로 여론조사가 실시되지 않았음에도 마치 실시된 것처럼 보여짐으로써 유권자의 후보자에 대한 판단에 영향을 줄 수 있었으나, 이러한 행위로 인해서 유권자에게 심각한 영향을 미쳤다고 보기기 어렵고 당시 사전질의 없이 생방송 중 진행자의 적극적 질문에 선거에 관한 자신감을 표현하려다가 발언하게 된 것으로 보인다고 하면서 피고인이 공직선거법 위반 전례가 없는 점도 참작하여 선고유예형을 선고한 사례

Ⅳ. 연설회장에서의 소란행위 등의 금지 위반

1. 공직선거법 규정

공직선거법은 제104조(연설회장에서의 소란행위 등의 금지)에서 "누구든지 이 법의 규정에 의한 공개장소에서의 연설·대담장소, 대담·토론회장 또는 정당의 집회장소에서 폭행·협박 기타 어떠한 방법으로도 연설·대담장소 등의 질서를 문란하게 하거나 그 진행을 방해할 수 없다"고 규정하고 있고 법 제256조(각종 제한규정위반죄) 제3항의 벌칙규정에서 "2년 이하의 징역 400만원 이하의 벌금에 처한다"고 규정하고 있다.

2. 연설회장에서의 소란행위 등의 금지 위반 사례

[상대후보 선거운동 방해 사건] 무죄 확정

사안

민주당 상임선대위원장과 상대후보가 합동 선거 유세를 하던 중에 난입해 선거운동과 업무를 방해하였다는 혐의로 기소된 사안

판단

당해 행사는 공직선거운동이 개시되기 전에 진행된 통상적 정당활동에 해당하고 피고인이 피해자들의 행위 자체를 방해하거나 법률상의 위력을 행사해 업무를 방해한 것으로 보기 어렵다며 무죄를 선고한 사안

참고

형사보상금 637만 1,000원 지급 결정을 받은 사례

부록 : 공직선거법 양형기준

I. 선거범죄의 양형기준(대법원 양형위원회 공표)

1. 허위사실공표죄

(1) 형종 및 형량의 기준

구 분	감 경	기 준	가 중
당선목적 허위사실공표	70만원 ~ 300만원	~ 10월, 200만원 ~ 800만원	8월 ~ 2년, 500만원 ~ 1,000만원
낙선목적 허위사실공표	~ 8월, 300만원 ~ 600만원	6월 ~ 2년, 500만원 ~ 1,000만원	1년 ~ 3년

구분		감경요소	가중요소
특별 양형인자	행위	· 사실상 압력 등에 의한 소극적 범행 가담 · 허위사실 공표나 후보자 비방의 정도가 약한 경우 · 상대방이 소수이거나 전파성이 낮은 경우 · 배포 목적 선전문서 소지 · 당선목적 당내경선 허위사실 공표	· 허위사실 또는 비방내용이 후보자 평가에 관한 선거구민의 매우 중요한 판단 사항에 관계되는 경우 · 선거일에 임박한 경우 · 상대방이 상당히 다수이거나 전파성이 매우 높은 경우 · 범행수법이 매우 불량한 경우 · 사회적 지위나 영향력을 이용하여 범행한 경우(피지휘자에 대한 교사가 적용되는 경우는 제외) · 피지휘자에 대한 교사

	행위자 /기타	· 농아자 · 심신미약(본인책임 없음) · 자수 · 선거 전 처벌불원 또는 실질적 피해 회복(공탁 포함)	· 동종 전과(벌금형 포함)
일반 양형인자	행위	· 소극 가담	· 선거관리위원회로부터 경고 등을 받고도 범행한 경우 · 비속어 등 저속한 표현을 사용한 경우
	행위자 /기타	· 진지한 반성 · 형사처벌 전력 없음 · 자진 사퇴, 불출마 · 상당한 피해 회복(공탁 포함)	· 후보자, 후보자의 배우자나 직계존·비속, 선거관계인의 범행 · 범행 후 도피하거나 증거은폐 또는 은폐 시도 · 이종 누범 · 합의 시도 중 피해 야기(강요죄 등 다른 범죄가 성립하는 경우는 제외)

(2) 양형인자의 정의

(가) 허위사실 공표의 정도가 약한 경우

- 공표된 사실의 일부가 허위이기는 하나, 부수적이거나 사소한 사항에 관한 것으로서 중요성을 갖지 아니하는 경우
- 공직선거법 제64조 제1항의 학력기재 방법을 위반한 경우
- 적시된 사실이 대부분 진실에 부합하는 경우
- 토론회 등에서 상대방으로부터 상당 정도의 해명이 이루어진 경우
- 단문 형식의 단순한 댓글이나 단순히 언론기사나 타인이 쓴 글을 이용하는데 그친 경우
- 그 밖에 이에 준하는 경우

(나) 상대방이 소수이거나 전파성이 낮은 경우

- 선거일에 임박하지 않은 시점에 소수의 유권자만을 상대로 한 경우
- 게시 기간이 극히 짧거나 조회 수가 극히 미미한 경우
- 그 밖에 이에 준하는 경우

(다) 허위사실이 후보자 평가에 관한 선거구민의 매우 중요한 판단 사항에 관계되는 경우

- 후보자의 불륜, 성매수, 부동산투기, 뇌물수수 등 비위와 관련된 구체적 사실에 관계되는 경우
- 후보자가 선거운동과 관련하여 금품살포 등 중대한 선거범죄를 범하였다는 사실과 관계되는 경우
- 그 밖에 이에 준하는 경우

(라) 상대방이 상당히 다수이거나 전파성이 매우 높은 경우

- 인터넷[페이스북(Facebook), 트위터(Twitter) 등 SNS(Social Network Service)를 포함], TV, 라디오 등 전파성이 큰 수단을 사용하는 경우
- 다만, 인터넷의 경우 조회 수가 거의 없거나 게시 기간이 매우 짧은 경우, 비공개 설정을 이용하는 등으로 게시자가 게시물의 전파 가능 범위를 제한한 경우는 제외한다.
- 그 밖에 이에 준하는 경우

(마) 범행수법이 매우 불량한 경우

- 범행 수단과 방법을 사전에 치밀하게 계획한 경우
- 다수인이 역할을 분담하여 조직적으로 범행한 경우
- 허위 또는 위조된 서류 등 부정한 수단을 사용한 경우
- 근거 없는 인신공격성 발언 등 악의적이거나 상당한 기간에 걸쳐서 반복적으로 범행한 경우
- 그 밖에 이에 준하는 경우

(바) 사회적 지위나 영향력을 이용하여 범행한 경우

- 지역사회의 유력한 인사로서 여론 형성에 영향을 미치는 지위에 있거나 선거에 있어서 중립성이 요구되는 공무원 등이 그 사회적 지위나 영향력을 이용하여 범행한 경우
- 언론인의 지위를 이용한 경우
- 그 밖에 이에 준하는 경우

(사) 처벌불원

- 피고인이 자신의 범행에 대하여 진심으로 뉘우치고, 피해자나 유족(피해자가 사망한 경우)이 처벌불원의 법적·사회적 의미를 정확히 인식하면서 이를 받아들여 피고인의 처벌을 원하지 않는 경우
- 다만, 피고인 측의 사실상 강요 또는 기망에 의한 처벌불원 등 자유로운 의사에 기하지 않은 처벌불원의 의사표시를 한 경우나, 피해자나 법정대리인의 처벌불원의사에 통상적으로 납득할 만한 사유가 없다고 판단되는 경우는 포함되지 않음
- 피해자 또는 그 법정대리인의 나이, 지능 및 지적 수준에 비추어 처벌불원의 의사표시가 가지는 의미, 내용, 효과를 이해하고 알아차릴 수 있는 능력이 있는지 여부 및 그러한 의사표시가 진실한 것인지 여부를 세밀하고 신중하게 조사, 판단한 결과 이에 포함된 경우만을 포함

(아) 실질적 피해 회복(공탁 포함)

- 피고인이 피해 회복을 위한 진지한 노력 끝에 합의에 준할 정도(재산상 피해만 발생한 경우에는 그 손해액의 약 2/3 이상)로 피해를 회복시키거나 그 정도의 피해 회복이 확실시되는 경우
- 피고인이 자발적 의사로 발언을 취소하거나 게시물을 삭제하거나 보도를 정정하는 등 시정조치를 취한 경우를 포함한다. 다만, 시정조치가 선거일 직전에 이루어져 사실상 피해 회복이 어려운 경우는 제외

(자) 합의 시도 중 피해 야기(강요죄 등 다른 범죄가 성립하는 경우는 제외)

- 합의를 시도하는 과정에서 피해자를 지속적으로 괴롭히거나, 합의거절에 대한 유형·무형의 불이익을 암시하는 등 부당한 압력을 가하거나 이에 준하는 방법으로 피해를 일으킨 경우

(차) 동종 전과(벌금형 포함)

- 공직선거법 위반, 정치자금법 제45조, 제49조 위반으로 징역형 또는 벌금형을 선고받은 전과

(카) 소극 가담

- 피고인이 수동적으로 참여하거나 범행 수행에 소극적인 역할만 담당하는 경우
- 다만, 실질적으로 범행을 주도하여 다른 사람으로 하여금 범행을 실행하게 한 경우는 제외

2. 기부행위 금지 · 제한 위반죄

(1) 형종 및 형량의 기준

구 분	감 경	기 준	가 중
기부행위	50만원 ~ 300만원	~ 10월, 100만원 ~ 500만원	8월 ~ 2년

구분		감경요소	가중요소
특별 양형인자	행위	· 공직선거법 제112조 제2항 이외의 관례적 · 의례적 행위 · 사실상 압력 등에 의한 소극적 범행 가담 · 제공된 금품이나 이익이 극히 경미한 경우 · 상대방의 적극적 요구에 수동적으로 응한 경우 · 의사표시 · 약속에 그친 경우	· 선거일에 임박한 경우 · 제공된 금품이나 이익이 다액인 경우 · 계획적 · 조직적 범행 · 후보자, 후보자의 배우자나 직계존 · 비속, 선거관계인의 범행 · 불특정 또는 다수의 상대방을 대상으로 하거나 상당한 기간에 걸쳐 반복적으로 범행한 경우 · 피지휘자에 대한 교사
	행위자 /기타	· 농아자 · 자수 또는 내부비리 고발	· 동종 전과(벌금형 포함)
일반 양형인자	행위	· 소극 가담 · 우연한 기회에 친분관계 등에 기한 범행	· 사회적 지위나 영향력을 이용하여 범행한 경우(피지휘자에 대한 교사가 적용되는 경우는 제외) · 선거관리위원회로부터 경고 등을 받고도 범행한 경우
	행위자 /기타	· 진지한 반성 · 형사처벌 전력 없음 · 자진 사퇴, 불출마	· 범행 후 도피하거나 증거은폐 또는 은폐 시도 · 이종 누범

(2) 양형인자의 정의

(가) 공직선거법 제112조 제2항 이외의 관례적·의례적 행위

- 종전의 업무담당자나 주위의 다른 업무담당자들 사이에서 관행적으로 계속되어 온 공무수행방식을 부주의하게 따르다 범행에 이르게 된 경우
- 정례적으로 이루어지던 협찬 또는 찬조, 장학금 기부 등으로 인하여 범행에 이르게 된 경우
- 그 밖에 이에 준하는 경우

(나) 사실상 압력 등에 의한 소극적 범행 가담

- 고용관계에 의하여 상사의 지시를 사실상 거절할 수 없는 상태에서 범행에 이르게 된 경우
- 그 밖에 이에 준하는 경우

(다) 제공된 금품이나 이익이 극히 경미한 경우

- 범행에 제공된 금품이나 이익이 사회통념상 극히 적은 액수의 금품이나 음식물 제공 등에 해당하여 선거 결과에 별다른 영향을 미치지 못한 경우
- 그 밖에 이에 준하는 경우

(라) 상대방의 적극적 요구에 수동적으로 응한 경우

- 금품 등을 제공할 의사가 없던 피고인이 상대방의 적극적인 요구에 따라 금품이나 이익 등을 제공하게 된 것으로서 다음 요소 중 하나 이상에 해당하는 경우를 의미한다.
- 선거인, 자원봉사자 또는 선거운동원 등 상대방의 단순한 요청이 아닌 적극적인 금품 등 요구에 소극적으로 응하여 상대방에게 금품이나 음식물 등을 제공한 경우
- 선거 결과에 중대한 영향을 미칠 가능성이 높은 사실을 폭로할 듯한 태도를 보이는 상대방에게 금품 등을 제공하게 된 경우
- 그 밖에 이에 준하는 경우

(마) 제공된 금품이나 이익이 다액인 경우

- 범행에 제공된 금품이나 이익이 사회통념상 상당한 액수에 달하고, 선거에 직접적으로 영향을 미쳤거나 미칠 의사로 제공된 경우
- 그 밖에 이에 준하는 경우

(바) 후보자, 후보자의 배우자나 직계존·비속, 선거관계인의 범행

- 후보자(후보자가 되고자 하는 자를 포함) 및 그 가족, 선거사무장, 선거연락소장, 선거사무원, 회계책임자, 연설원의 범행인 경우

(사) 동종 전과(벌금형 포함)

- 공직선거법 위반, 정치자금법 제45조, 제49조 위반으로 징역형 또는 벌금형을 선고받은 전과를 의미한다.

(아) 소극 가담

- 피고인이 수동적으로 참여하거나 범행 수행에 소극적인 역할만 담당하는 경우를 의미한다. 다만, 실질적으로 범행을 주도하여 다른 사람으로 하여금 범행을 실행하게 한 경우는 제외한다.

(자) 우연한 기회에 친분관계 등에 기한 범행

- 제3자가 주도하는 모임 등에 우연히 참석하였다가 친분관계 등에 따른 기부행위에 이르게 된 경우
- 그 밖에 이에 준하는 경우

(차) 사회적 지위나 영향력을 이용하여 범행한 경우

- 지역사회의 유력한 인사로서 여론 형성에 영향을 미치는 지위에 있거나 선거에 있어서 중립성이 요구되는 공무원 등이 그 사회적 지위나 영향력을 이용하여 범행한 경우
- 그 밖에 이에 준하는 경우

(카) 선거관리위원회로부터 경고 등을 받고도 범행한 경우

- 선거관리위원회로부터 서면경고를 받거나 안내문 등을 교부받아 당해 행위가 선거법 위반에 해당한다는 사실을 알고도 범행을 실행한 경우
- 그 밖에 이에 준하는 경우

3. 매수 및 이해유도죄

(1) 형종 및 형량의 기준

구 분	감 경	기 준	가 중
일반매수, 정당의 후보자 추천 관련 매수	~ 10월, 100만원 ~ 1,500만원	6월 ~ 1년 4월	10월 ~ 2년 6월
후보자 등에 의한 일반 매수	4월 ~ 1년, 150만원 ~ 2,000만원	8월 ~ 2년	1년 ~ 3년

구분		감경요소	가중요소
특별 양형인자	행위	· 사실상 압력 등에 의한 소극적 범행 가담 · 제공 또는 수수한 금품이나 이익이 극히 경미한 경우 · 상대방의 적극적 요구에 수동적으로 응한 경우 · 선거운동에 대한 실비보상적 또는 위로적 차원에서 경미한 금품 등을 제공 또는 수수한 경우 · 의사표시 · 약속 · 승낙에 그친 경우	· 제공 또는 수수한 금품이나 이익이 다액인 경우 · 지시 · 권유 · 요구 · 알선의 경우 · 계획적 · 조직적 범행 · 불특정 또는 다수의 상대방을 대상으로 하거나 상당한 기간에 걸쳐 반복적으로 범행한 경우
	행위자/기타	· 농아자 · 자수 또는 내부비리 고발	· 동종 전과(벌금형 포함)
일반 양형인자	행위	· 소극 가담	· 사회적 지위나 영향력을 이용하여 범행한 경우 · 선거관리위원회로부터 경고 등을 받고도 범행한 경우 · 공직선거법 제230조 제1항 제2호, 제3호 및 제235조를 위반한 경우
	행위자/기타	· 진지한 반성 · 형사처벌 전력 없음 · 자진 사퇴, 불출마	· 범행 후 도피하거나 증거은폐 또는 은폐 시도 · 이종 누범

(2) 양형인자의 정의

(가) 사실상 압력 등에 의한 소극적 범행 가담

- 고용관계에 의하여 상사의 지시를 사실상 거절할 수 없는 상태에서 범행에 이르게 된 경우
- 그 밖에 이에 준하는 경우

(나) 제공 또는 수수한 금품이나 이익이 극히 경미한 경우

- 범행에 제공된 금품이나 이익이 사회통념상 극히 적은 액수의 금품이나 음식물 제공 등에 해당하여 선거 결과에 별다른 영향을 미치지 못한 경우
- 선거운동과 관련하여 극히 적은 액수의 금품이나 음식물 등을 제공 또는 수수한 경우
- 그 밖에 이에 준하는 경우

(다) 상대방의 적극적 요구에 수동적으로 응한 경우

- 금품 등을 제공할 의사가 없던 피고인이 상대방의 적극적인 요구에 따라 금품이나 이익 등을 제공하게 된 것으로서, 다음 요소 중 하나 이상에 해당하는 경우를 의미한다.
- 선거인, 자원봉사자 또는 선거운동원 등 상대방의 단순한 요청이 아닌 적극적인 금품 등 요구에 소극적으로 응하여 상대방에게 금품이나 음식물 등을 제공한 경우
- 선거 결과에 중대한 영향을 미칠 가능성이 높은 사실을 폭로할 듯한 태도를 보이는 상대방에게 금품 등을 제공하게 된 경우
- 그 밖에 이에 준하는 경우

(라) 선거운동에 대한 실비보상적 또는 위로적 차원에서 경미한 금품 등을 제공 또는 수수한 경우

- 선거관리위원회에 선거사무관계자로 신고하였는지를 불문하고, 실제로 후보자의 선거운동과 관련하여 통상의 수당과 실비 수준의 소액의 금품 등을 제공 또는 수수한 경우, 다만 선거운동원 등이 후보자로부터 선거인, 후보자 등에 대한 매수행위나 기부행위 등을 위한 용도로 금품 등을 제공받은 경우는 적용하지 아니한다. '제공 또는 수수한 금품이나 이익이 극히 경미한 경우'에

해당하는 경우에는 적용하지 아니함

(마) 제공 또는 수수한 금품이나 이익이 다액인 경우

- 범행에 제공된 금품이나 이익이 사회통념상 상당한 액수에 달하고, 선거에 직접적으로 영향을 미쳤거나 미칠 의사로 제공된 경우
- 그 밖에 이에 준하는 경우

(바) 계획적 · 조직적 범행

- 범행의 수단과 방법을 사전에 치밀하게 계획한 경우
- 다수인이 역할을 분담하여 조직적으로 범행한 경우
- 그 밖에 이에 준하는 경우

(사) 동종 전과(벌금형 포함)

- 공직선거법 위반, 정치자금법 제45조, 제49조 위반으로 징역형 또는 벌금형을 선고받은 전과를 의미한다.

(아) 소극 가담

- 피고인이 수동적으로 참여하거나 범행 수행에 소극적인 역할만 담당하는 경우를 의미한다. 다만, 실질적으로 범행을 주도하여 다른 사람으로 하여금 범행을 실행하게 한 경우는 제외한다.

(자) 사회적 지위나 영향력을 이용하여 범행한 경우

- 지역사회의 유력한 인사로서 여론 형성에 영향을 미치는 지위에 있거나 선거에 있어서 중립성이 요구되는 공무원 등이 그 사회적 지위나 영향력을 이용하여 범행한 경우
- 정당의 후보자 추천에 관하여 실질적인 영향력을 행사할 수 있는 지위를 이용하여 범행한 경우
- 그 밖에 이에 준하는 경우

(차) 선거관리위원회로부터 경고 등을 받고도 범행한 경우

- 선거관리위원회로부터 서면경고를 받거나 안내문 등을 교부받아 당해 행위가 선거법 위반에 해당한다는 사실을 알고도 범행을 실행한 경우
- 그 밖에 이에 준하는 경우

4. 선거운동기간 위반 · 부정선거운동죄

(1) 형종 및 형량의 기준

구 분	감 경	기 준	가 중
선거운동기간 위반	30만원 ~ 90만원	70만원 ~ 150만원	~ 8월, 100만원 ~ 300만원
선거운동방법 위반	50만원 ~ 90만원	50만원 ~ 90만원	4월 ~ 1년, 100만원 ~ 400만원

<table>
<tr><th colspan="2">구분</th><th>감경요소</th><th>가중요소</th></tr>
<tr><td rowspan="2">특별
양형인자</td><td>행위</td><td>· 사실상 압력 등에 의한 소극적 범행 가담
· 선거운동방법 위반의 정도가 경미한 경우
· 위법성의 인식이 현저히 약한 경우</td><td>· 선거일에 임박한 경우
· 계획적 · 조직적 범행
· 사회적 지위나 영향력을 이용하여 범행한 경우(제3 유형은 제외)(피지휘자에 대한 교사가 적용되는 경우는 제외)
· 불특정 또는 다수의 상대방을 대상으로 하거나 상당한 기간에 걸쳐 반복적으로 범행한 경우
· 피지휘자에 대한 교사</td></tr>
<tr><td>행위자
/기타</td><td>· 농아자
· 심신미약(본인책임 없음)
· 자수</td><td>· 동종 전과(벌금형 포함)</td></tr>
<tr><td rowspan="2">일반
양형인자</td><td>행위</td><td>· 소극 가담</td><td>· 선거관리위원회로부터 경고 등을 받고도 범행한 경우
· 비속어 등 저속한 표현을 사용한 경우</td></tr>
<tr><td>행위자
/기타</td><td>· 진지한 반성
· 형사처벌 전력 없음
· 자진 사퇴, 불출마</td><td>· 후보자, 후보자의 배우자나 직계존 · 비속, 선거관계인의 범행
· 범행 후 도피하거나 증거은폐 또는 은폐 시도
· 이종 누범</td></tr>
</table>

(2) 양형인자의 정의

(가) 선거운동방법 위반의 정도가 경미한 경우

- 호별방문한 세대수가 극히 적은 경우
- 설치한 유사기관의 규모가 극히 작은 경우
- 탈법배부한 문서 등의 양이 극히 적은 경우
- 자신이 속한 정당의 당원들만을 상대로 한 범행인 경우
- 그 밖에 이에 준하는 경우

(나) 위법성의 인식이 현저히 약한 경우

- 사전에 선거관리위원회에 위법 여부를 확인하는 등의 절차를 거치고 행위에 나아갔는데도 위반행위에 이르게 된 경우
- 법령 해석을 잘못한 결과 위법행위에 이른 경우
- 그 밖에 이에 준하는 경우

(다) 선거일에 임박한 경우

- 선거일에 매우 근접한 시점에 공직선거법 제255조 각 호에 위반하는 행위를 한 경우
- 원래 선거운동기간 내에도 허용되지 아니하는 방법으로 선거당일에 선거운동을 한 경우

(라) 사회적 지위나 영향력을 이용하여 범행한 경우

- 교육적·종교적·직업적인 기관·단체 등의 조직 내에서 직위를 이용하여 그 구성원에 대하여 선거운동을 하거나, 계열화나 하도급 등 거래상 특수한 지위를 이용하여 기업조직·기업체 또는 그 구성원에 대하여 선거운동을 한 경우
- 통·리·반의 장, 주민자치위원회 위원, 아파트입주자대표회의 임원이나 국민운동단체의 임·직원 또는 대표자 등이 선거운동을 한 경우
- 언론인의 지위를 이용한 경우
- 그 밖에 이에 준하는 경우

(마) 동종 전과(벌금형 포함)

- 공직선거법 위반, 정치자금법 제45조, 제49조 위반으로 징역형 또는 벌금형을 선고받은 전과를 의미한다.

(바) 소극 가담

- 피고인이 수동적으로 참여하거나 범행 수행에 소극적인 역할만 담당하는 경우를 의미한다. 다만, 실질적으로 범행을 주도하여 다른 사람으로 하여금 범행을 실행하게 한 경우는 제외한다.

Ⅱ. 양형인자의 평가 및 다수범죄의 처리기준

1. 양형인자의 평가기준

(1) 공통원칙

(가) 양형기준상 권고 형량범위의 특별 조정

① 특별양형인자에 대한 평가 결과 가중영역에 해당하는 사건에서 특별가중인자만 2개 이상 존재하거나 특별가중인자가 특별감경인자보다 2개 이상 많을 경우에는 양형기준에서 권고하는 형량범위 상한을 1/2까지 가중한다.

② 특별양형인자에 대한 평가 결과 감경영역에 해당하는 사건에서 특별감경인자만 2개 이상 존재하거나 특별감경인자가 특별가중인자보다 2개 이상 많을 경우에는 양형기준에서 권고하는 형량범위 하한을 1/2까지 감경한다.

(나) 양형기준상 권고 형량범위와 법률상 처단형 범위와의 관계

- 양형기준에서 권고하는 형량범위가 법률상 가중/감경에 의한 처단형 범위와 불일치하는 경우에는 법률상 처단형의 상한 또는 하한에 따른다.

(다) 법률상 임의적 감경사유의 처리 방법

- 양형기준의 양형인자표에 포함된 법률상 임의적 감경사유에 대하여 법관이 법률상 감경을 하지 않기로 하는 경우에는 작량감경 사유로 고려한다.

(2) 양형인자의 평가원칙

(가) 형량범위의 결정방법

- 형량범위는 특별양형인자를 고려하여 결정한다.

- 다만, 복수의 특별양형인자가 있는 경우에는 아래와 같은 원칙에 따라 평가한 후 그 평가 결과에 따라 형량범위의 변동 여부를 결정한다.

① 같은 숫자의 행위인자는 같은 숫자의 행위자/기타인자보다 중하게 고려한다. 다만, 처벌을 원하지 않는 피해자의 의사는 행위인자와 동등하게 평가할 수 있다.

② 같은 숫자의 행위인자 상호간 또는 행위자/기타인자 상호간은 동등한 것으로 본다.

③ 위 ①, ② 원칙에 의하여도 형량범위가 확정되지 않는 사건에 대하여는 법관이 위 ①, ② 원칙에 기초하여

- 특별양형인자를 종합적으로 비교·평가함으로써 형량범위의 변동 여부를 결정한다.
- 양형인자에 대한 평가 결과 가중요소가 큰 경우에는 가중적 형량범위를, 감경요소가 큰 경우에는 감경적 형량범위를, 그 밖의 경우에는 기본적 형량범위를 선택할 것을 권고한다.

(나) 선고형의 결정방법

- 선고형은 위 1항에 의하여 결정된 형량범위 내에서 일반양형인자와 특별양형인자를 종합적으로 고려하여 결정한다.

2. 다수범죄의 처리

(1) 적용범위

- 양형기준이 설정된 범죄 사이의 형법 제37조 전단 경합범에 대하여 적용한다. 다만, 양형기준이 설정된 범죄와 양형기준이 설정되지 아니한 범죄 사이의 형법 제37조 전단 경합범에 관하여는 그 하한은 양형기준이 설정된 범죄의 양형기준상 형량범위의 하한에 따른다.
- 공직선거법 제18조 제3항에 따라 선고하는 죄와 분리 선고하는 다른 죄의 경합범에 대하여는 적용하지 아니한다

(2) 기본범죄 결정

- 기본범죄는 형종 선택 및 법률상 가중/감경을 거친 후 형이 가장 중한 범죄를 의미한다. 다만, 위 범죄의 양형기준상 형량범위 상한이 이와 경합되는 범죄의 양형기준상 형량범위 상한보다 낮은 경우에는 경합 되는 범죄를 기본범죄로 한다.

(3) 처리방법

- 경합범에 대하여는 양형기준상 하나의 범죄로 취급되는 경우 외에는 아래의 다수범죄 가중방법을 적용한다.

① 2개의 다수범에 있어서는, 기본범죄의 형량범위 상한에 다른 범죄의 형량범위 상한의 1/2을 합산하여 형량범위를 정한다.

② 3개 이상의 다수범에 있어서는, 기본범죄의 형량범위 상한에 다른 범죄 중 형량범위 상한이 가장 높은 범죄의 형량범위 상한의 1/2, 두 번째로 높은 범죄의 형량범위 상한의 1/3을 합산하여 형량범위를 정한다.

③ 기본범죄의 형량범위 하한보다 다른 범죄의 형량범위 하한이 높은 경우에는 다수범죄 처리 결과로 인한 형량범위 하한은 다른 범죄의 형량범위 하한으로 한다.

[저자 약력]

이기헌

전 대통령비서실 민정비서관, 시민참여비서관
전 국가안보실 선임행정관, 재외동포담당관
전 민주당 총무국장, 조직국장, 국제국장

이원구

사법시험 44회
전 서울시 인사위원회 위원
전 경기도교육청 행정심판위원
전 대통령비서실 반부패비서관
제19대 문재인 대통령 후보 법률지원단 가짜뉴스대응팀 부팀장

이병군

사법시험 46회
경기도 행정심판위원
전 대통령비서실 공직기강비서관
전 국민대학교 법과대학 겸임교수
제19대 문재인 대통령 후보 법률지원단 선거법 자문팀장

배수진

변호사시험 2회
전 국회의원 비서관, 보좌관
전 대통령비서실 행정관
제20대 국회의원 선거캠프, 제7회 전국동시지방선거 광역단체장 후보 캠프, 제19대 대통령선거 캠프 활동

국회의원 후보자가 알아야 할 공직선거법

초판발행 2023년 9월 1일

지은이 이기헌, 이원구, 이병군, 배수진
펴낸이 박노일

총괄기획 최준규
편 집 이상민

펴낸곳 pnc publishing and culture 피앤씨미디어
경기도 고양시 일산동구 강송로 153 310-1501
등록 제396-2012-000203호
전 화 070)7550-3758 팩 스 02)718-8554
홈페이지 www.pncmedia.co.kr 이메일 pnc@pncmedia.co.kr
ISBN 979-11-5730-895-8 93360

정 가 16,000원